Herausforderungen des medizinischen Fortschritts im Krankenhaus- und Arzneimittelbereich

ALLOKATION IM MARKTWIRTSCHAFTLICHEN SYSTEM

Herausgegeben von
Heinz König (†), Hans-Heinrich Nachtkamp (†),
Ulrich Schlieper, Eberhard Wille

Band 76

Eberhard Wille (HRSG)

HERAUSFORDERUNGEN DES MEDIZINISCHEN FORTSCHRITTS IM KRANKENHAUS- UND ARZNEIMITTELBEREICH

24. Bad Orber Gespräche über kontroverse Themen im Gesundheitswesen

Bibliografische Information der Deutschen Nationalbibliothek
Die Deutsche Nationalbibliothek verzeichnet diese Publikation
in der Deutschen Nationalbibliografie; detaillierte bibliografische
Daten sind im Internet über http://dnb.d-nb.de abrufbar.

ISBN 978-3-631-83369-8 (Print)
E-ISBN 978-3-631-83557-9 (E-Book)
E-ISBN 978-3-631-83558-6 (E-Pub)
E-ISBN 978-3-631-83559-3 (E-Mobi)
DOI 10.3726/b17595

© Peter Lang GmbH
Internationaler Verlag der Wissenschaften
Berlin 2020
Alle Rechte vorbehalten.

Peter Lang – Berlin · Bern · Bruxelles · New York ·
Oxford · Warszawa · Wien

Das Werk einschließlich aller seiner Teile ist urheberrechtlich
geschützt. Jede Verwertung außerhalb der engen Grenzen des
Urheberrechtsgesetzes ist ohne Zustimmung des Verlages
unzulässig und strafbar. Das gilt insbesondere für
Vervielfältigungen, Übersetzungen, Mikroverfilmungen und die
Einspeicherung und Verarbeitung in elektronischen Systemen.

Diese Publikation wurde begutachtet.

www.peterlang.com

Inhaltsverzeichnis

Gisbert Kleeff
Begrüßung „Bad Orber Gespräche" 2019 7

Lothar Riebsamen
Zwischen *Pflexit* und Investitionsstau – die Krankenhauspolitik der
Bundesregierung 11

Volker Ulrich
Quo vadis Morbi-RSA? 15

Volker Ulrich und Eberhard Wille
Reform des Morbi-RSA nach dem Referentenentwurf zum GKV-FKG,
insbesondere unter regionalen Aspekten 33

Leonie Sundmacher et al.
Gutachten zur Weiterentwicklung der Bedarfsplanung 49

Wulf-Dietrich Leber
Der deutsche Krankenhausmarkt - schlecht reguliert, schlecht
digitalisiert, schlecht qualitätsgesichert 67

Michael Hennrich
Aktuelles aus der Arzneimittelpolitik 95

Bernhard Wörmann
Neue Arzneimittel Grenzen des AMNOG am Beispiel der Onkologie 105

Thomas Ballast
Die Digitalisierung des Gesundheitswesens - Vorteile am Beispiel von
TK-Safe und eRezept 115

Antje Haas, Anja Tebinka-Olbrich, Kerstin Pietsch
Nachhaltige Zugangssicherung zur Arzneimittelversorgung für GKV-
Versicherte – Eine gemeinsame Aufgabe 129

Han Steutel
Wie innovationsoffen ist das deutsche Gesundheitswesen? 147

Verzeichnis der Autoren 159

Gisbert Kleeff

Begrüßung „Bad Orber Gespräche" 2019

Sehr geehrte Damen und Herren,
als neuer Geschäftsführer der Bayer Vital ist es mir eine besondere Freude, dass ich Sie heute im Namen von Bayer ganz herzlich zu den 24. Bad Orber Gesprächen begrüßen darf.

Vorab gebührt mein besonderer Dank all denjenigen, die sich bereit erklärt haben, Ihre Standpunkte, Impulse und Vorstellungen mit uns zu teilen. Auch wenn die „Bad Orber Gespräche" in die Jahre gekommen sind, so ist diese Traditionsveranstaltung, so wurde mir berichtet, wahrhaftig kein „alter Hut", sondern ein streitbarer und starker Workshop. Diesen Schatz seit über mehr als 20 Jahren gehütet zu haben, spricht vor allem für die Qualität des Programms und das Engagement der Teilnehmerinnen und Teilnehmer.

Natürlich darf an dieser Stelle auch von mir nicht der Dank an Herrn Professor Eberhard Wille fehlen, der als langjähriger „Chairman" die Veranstaltung inhaltlich gestaltet und durchgängig begleitet. Ihm gelingt es jedes Jahr neu, Experten aus dem deutschen Gesundheitssystem für Vorträge zu gewinnen. Wir sind Ihnen, verehrter Herr Professor Wille, zu großem Dank verpflichtet.

In diesem Jahr fallen die Bad Orber Gespräche in die im Koalitionsvertrag vereinbarte Halbzeitbilanz der Großen Koalition. Im Gesundheitsbereich hat der Gesundheitsminister in den letzten 1,5 Jahren kräftig Gas gegeben und ein Feuerwerk an Gesetzen gezündet. In der laufenden Wahlperiode wurden bereits sechs Gesetzgebungsvorhaben abgeschlossen: Jeweils drei in 2018 und 2019. Hinzu kommen noch 13 Gesetzentwürfe, die sich im parlamentarischen Verfahren befinden. So eine Problemlösungskultur im Gesundheitsbereich hat es vorher noch nicht gegeben. Das verdient unsere volle Anerkennung.

Lassen mich an dieser Stelle zwei inhaltliche Punkte ansprechen, die uns aktuell besonders umtreiben:

1. Eine intensive Debatte innerhalb unserer Branche - und auch innerhalb der Apothekerschaft - löst derzeit die **Umsetzung des neuen Rahmenvertrags im Hinblick auf die Importförderung** aus. Der Gesetzgeber schien beim Gesetz für mehr Sicherheit in der Arzneimittelversorgung, dem GSAV, mit dem Thema „Importe" auf einem guten Weg zu sein - bevor sich dann letztendlich die Interessen eines kleinen Bundeslandes durchsetzten. Gleichwohl haben wir mit großem Respekt zur Kenntnis genommen, dass die

Politik ernsthaft bemüht war, die Sicherheits- und Versorgungsaspekte für die Patienten in den Vordergrund zu stellen. So betrachtete der Bundesrat die Importförderklausel nicht zu Unrecht als ein potenzielles Einfallstor für Fälschungen, weshalb er in seiner Stellungnahme zum Gesetzentwurf der Bundesregierung unter anderem die Streichung der Importförderklausel forderte. Unterstützt wurde die Politik dabei von gewichtigen Stimmen aus dem Kassenlager höchst selbst, da sich für die Kassen daraus ohnehin nur noch minimale Wirtschaftlichkeitsreserven erschließen lassen. So plädierte sogar der GKV-Spitzenverband in der Bundestagsanhörung für die Abschaffung der Parallelimport-Förderklausel.

Der zum 1. Juli nun in Kraft getretene neue Rahmenvertrag zwischen dem Deutschen Apothekerverband und dem GKV-Spitzenverband entfaltet jedoch genau die entgegengesetzte Wirkung und steht damit dem politischen Willen diametral entgegen. Sie kennen die Zahlen: der Importmarkt wächst seit Juli überproportional.

Es liegt der Verdacht nahe, dass der neue Rahmenvertrag hier die alles entscheidende Rolle spielt und - zu Lasten der Patienten, zu Lasten des politischen Willens, zu Lasten der heimischen Industrie und auch zu Lasten einer stabilen Versorgungslage in den Exportländern - in die völlig falsche Richtung zielt. Insgesamt führt diese politisch nicht gewollte Entwicklung zu einer Verschlechterung der Arzneimittelsicherheit, zu weiteren Risiken für eine stabile und flächendeckende Versorgungslage und zu einer erheblichen Verunsicherung der Patientinnen und Patienten in den Apotheken.

Wir appellieren daher nachdrücklich an die Vertragspartner, das neue Regelwerk auf seine Schwachstellen hin zu überprüfen und durch entsprechende Änderungen dem politischen Willen gerecht zu werden. Dabei darf es übrigens nicht nur allein um das unter den Beteiligten unter der Überschrift „Co-Marketing" diskutierte Problem gehen, denn damit ist der Boost der Importabgaben keineswegs allein erklärbar. Wenn schon die Importeure selbst nicht glücklich sind und erklären, dass sie eine Änderung des Regelwerks befürworten, dann sollte das alle Beteiligten aufhorchen und jetzt aktiv werden lassen.

2. Meine Damen und Herren, bitte erlauben Sie mir auch noch ein Wort zum lernenden System AMNOG: die sehr dynamisch fortschreitenden Erkenntnisse über individuelle Ursachen einer Erkrankung führen heute zu komplexen Studiendesigns und veränderter Evidenzlage im Rahmen von bestimmten Sonderzulassungen vor allem in der Onkologie.

Die größten Fortschritte in der Krebsbehandlung werden derzeit in der Präzisionsonkologie erzielt. Sie verspricht eine zielgenaue Behandlung, weil sie sich an den individuellen molekularen Merkmalen des Tumors orientiert und dem Patienten, ob Kinder oder Erwachsene, unabhängig von der Lokalisation des Tumors eine zielgenaue Therapie ermöglicht. Solche Therapien beschreiben einen Paradigmenwechsel in der Krebstherapie: weg von indikationsspezifischer Tumorbekämpfung hin zu mutationsspezifischer, indikationsübergreifender Therapie. Es gibt ein erstes, gerade europaweit zugelassenes Medikament (Larotrectinib aus unserem Hause) - und es wird in Zukunft weitere Folgemedikamente geben. Mit speziellen Tests können dann mit großer Präzision diejenigen Patienten identifiziert werden, die ausschließlich von der Behandlung profitieren. Willkommener Nebeneffekt: Auf diese Weise werden gleichzeitig weniger zielgerichtete Behandlungen mit entsprechenden Nebenwirkungen, die oft zu Therapieabbrüchen führen, reduziert.

Die Entwicklung präzisionsonkologischer Medikamente ist allerdings kein Selbstläufer und mit einem gezielten, sogar mehrere Dekaden andauernden und sehr viele Ressourcen bindenden Entwicklungsplan nach der Entschlüsselung der tumorzellbiologischen Pathomechanismen verbunden, obwohl es sich um sehr kleine und oft sehr vulnerable Patientenkollektive handelt.

Wir müssen diese neuen Therapien als große Chance für die Patienten begreifen und ihnen helfen, die AMNOG-Hürden zu überwinden, insbesondere deshalb, weil das AMNOG-System auf randomisierte klinische Vergleichsstudien ausgerichtet ist, die in der Präzisionsonkologie aufgrund der deutlich kleineren Patientenzahlen und nicht selten auch aus ethischen Gründen schneller an Grenzen stoßen.

Damit die **Präzisionsonkologie** eine **adäquate Chance im deutschen Erstattungssystem** hat, sollte das AMNOG hier Brücken bauen und die Beteiligten müssen Lösungen finden, vor allem, weil der Innovationscharakter solcher Therapien auch nachweisbar ist. Dafür sprechen hohe Ansprechraten und eine gute Verträglichkeit dieser Arzneimittel, sowohl für Kinder als auch Erwachsene. Im Interesse der Patienten müssen alle Beteiligten aufeinander zugehen, um auch solchen Therapien durch den Formalismus hindurch einen Weg in die Versorgung zu ermöglichen.

In diesem Sinne wünsche ich uns allen eine zuversichtliche Veranstaltung mit lebhaften Debatten und vielen neuen Einsichten. Vielen Dank für Ihre Aufmerksamkeit!

Lothar Riebsamen

Zwischen *Pflexit* und Investitionsstau – die Krankenhauspolitik der Bundesregierung

Es handelt sich um eine mündlich gehaltene Rede. Daher werden keine Zitate und Querverweise aufgeführt.

1. Der so genannte „Pflexit" – ist er hilfreich?

- Sicherlich ist manches am DRG-System reformbedürftig! Beispielsweise im Bereich der Investitionen und bei der Entwicklung der DRG-Fallpauschalen.
- Aber: die Herausnahme der Pflege aus den DRG-Fallpauschalen ist nichts Neues, auch wenn manche hier an eine Innovation glauben.
- Was war vorher?
  Selbstkostendeckung, Budgetierung mit unterschiedlichen Budgets von Krankenhaus zu Krankenhaus und von Land zu Land.
- Bei der Entwicklung der Landesbasisfallwerte ist Konvergenz heute noch nicht abgeschlossen.
- Die Herausnahme der Pflegeanteile bedeutet, dass in einem hochkomplexen Verfahren 20 Prozent aus jeder Ziffer herausgerechnet werden. Und dies geschieht mit allen Risiken und Nebenwirkungen wie z.B.:
  1. Der vollständigen Berücksichtigung der „Ist-Kosten". Das heißt, es wird logischerweise versucht werden, den Pflegebereich so groß werden zu lassen wie möglich – da eben alles bezahlt wird!
  2. Wie ist Pflege am Bett überhaupt genau definiert?
  3. Dem größten Risiko, dass Produktivität und Effizienz keine Rolle mehr spielen. Dabei ist Pflegepersonal ein knappes Gut!
- Wird die Bezahlung nach Tarif durch den Pflexit voll finanziert, ebenso jede zusätzliche Stelle?

<u>Fazit:</u> Der Pflexit führt zu grundlegenden Überlegungen

2. DRG-System

- Die Ausgliederung anderer Bereiche wie z.B. der Ärzte aus den DRG könnte folgen.
- Was soll bei Abschaffung des DRG-Systems an dessen Stelle treten?

- Dabei will keiner der Beteiligten eigentlich eine Abschaffung der DRGs, da es schlicht nichts Neues gibt, was an seine Stelle treten kann.
- Es besteht die Gefahr, dass nun auch bei Ausweitung auf andere Bereiche vor allem gesellschaftlicher Druck ausgeübt wird. Hier wäre eine *Gegensteuerung im System* deutlich besser.
- Gegenwehr ist aktuell nicht vorhanden bzw. zumindest nicht wahrnehmbar.

Dass Reformbedarf besteht ist dagegen unstrittig:

- Es gibt Fehlanreize bei den Mengen.
- Problematik der unteren und oberen Grenzverweildauer.
- Das DRG-System ist zu differenziert und
- der Bereich der Sonderentgelte muss ebenfalls reformiert werden.

Ansätze hierfür sind dabei durchaus vorhanden:

1. Fixkostendegressionsabschlag.
2. Zweite Meinung.
3. Berücksichtigung der Ergebnisqualität.
4. Berücksichtigung Indikationsqualität.

Es gibt zudem die Überlegung den Sicherstellungszuschlag bzw. den Zentrumszuschlag sowie die KHG-Förderung auch über den Landesbasisfallwert auszuweiten und so die Vorhaltekosten für Maximalversorger und Grundversorger zu tragen.

Fazit:

Wenn eine DRG-Reform durchgeführt werden soll, dann muss diese:

1. Qualitätsorientiert
2. Versorgungsorientiert
3. Regionalorientiert sein und einen
4. Abbau der Anzahl der Ziffern umfassen.

3. Investitionskosten – Bedarfsplanung

- Bekanntermaßen sind die Bundesländer laut KHG für die Finanzierung der Investitionskosten der Krankenhäuser verantwortlich. Allerdings kommen sie dieser Verpflichtung seit Jahren und Jahrzehnten nur in sehr unzureichendem Umfang nach.
- Folge davon ist, dass aus DRG-Erlösen Investitionen finanziert wurden und werden.

- Durch den Pflexit entsteht somit zusätzlicher Druck auf die Nicht-Pflege-Bereiche.
- Die Überlegung hin zu einer Monistik bzw. einer Teil-Monistik, in welcher die Krankenkassen für die Finanzierung zuständig sind.
- Verlängerung des Strukturfonds ab 2019 für weitere vier Jahre in Höhe von je 500 Mio. Euro mit einer Beteiligung von mindestens 25 % durch die Länder. Der Strukturfonds umfasst:
  - Umwandlung – auch von Abteilungen.
  - Konzentration von Leistungen
  - Integrierte Notfallversorgung.
- Nach wie vor haben wir in Deutschland zu viele Krankenhausbetten. Laut der oft zitierten Studie von Bertelsmann gibt es in Deutschland 8,1 Krankenhausbetten auf 1000 Einwohner, während es in der Schweiz gerade einmal 4,6 Betten sind.

Aktuelle Entwicklungen und Diskussionen, die sich auf stationäre Kapazitäten auswirken:
- Zunehmende Ambulantisierung
- Honorarkommission der Länder
- MDK-Reformgesetz (Katalog ambulanter Operationen)
- Rating
- Spezialisierung
- Personalmangel

4. MDK-Reformgesetz

- Die Schaffung einer neuen, eigenen und unabhängigen Institution, des „Medizinischen Dienstes" (MD) führt zu mehr Transparenz und Vertrauen.
- Die Systematik der so genannten „Verrechnungen", die mit ausschlaggebend für das Gesetz war, wird auf einige wenige Ausnahmen beschränkt.
- Für die Abrechnungsprüfung in den Krankenhäusern durch den MD werden klare Prüfquoten festgelegt, die sich an der Anzahl beanstandeter Rechnungen orientiert.
  - Für das Jahr 2020 wird die Prüfquote auf einheitlich 12,5 % festgelegt. Bei einer festgestellten Falschabrechnung kommt es zu einem Aufschlag von 10 % der Rechnungssumme, mindestens aber von 300 Euro.
  - Ab dem Jahr 2021 beträgt die Prüfquote dann 5 %, wenn im Vorjahr weniger als 40 % der geprüften Rechnungen beanstandet wurden. Lag dieser

Wert zwischen 40 % und 60 % steigt die Prüfquote auf 10 %, während er bei über 60 % beanstandeter Rechnungen 15 % beträgt.
- Erhöhung der Anrechenbarkeit von pflegeentlastenden Maßnahmen von 3% auf 4 %. Dies soll auch zukünftig gewisse Anreize zu setzen, Effizienz und Produktivität durch z.B. Digitalisierung in der Pflege zu verbessern.

Volker Ulrich

Quo vadis Morbi-RSA?

1. Einleitung

Der Bundestag beschloss am 13. Februar 2020 das Gesetz für einen fairen Kassenwettbewerb in der gesetzlichen Krankenversicherung (GKV-FKG) in zweiter und dritter Lesung. Im parlamentarischen Verfahren wurde der Gesetzentwurf noch an einigen Stellen überarbeitet, welche insbesondere die Kompetenzen der Selbstverwaltung betreffen. Das Gesetz beinhaltet eine umfassende Finanzreform für die gesetzlichen Krankenkassen, mehr Informationspflichten bei Lieferengpässen und eine kleinere Strukturreform beim GKV-Spitzenverband (vgl. BARMER 2020).

Mit dem Risikostrukturausgleich führte der Gesetzgeber im Jahr 1994 einen umfassenden Ausgleich der Risikostrukturen von Versicherten in unterschiedlichen Krankenkassen ein (vgl. Ulrich 2017). Der angestrebte Wettbewerb in der gesetzlichen Krankenversicherung (GKV) dient insbesondere der Suche nach besseren Versorgungslösungen und sollte daher vor allem ein Vertrags- und Qualitäts-, aber kein Preiswettbewerb sein (vgl. Rebscher 2015). Der technische Kern der Wahlfreiheit ist dabei der morbiditätsorientierte Risikostrukturausgleich (Morbi-RSA, vgl. Jacobs et al. 2002, Cassel et al. 2014). Die Weiterentwicklung des Morbi-RSA durch das GKV-FKG zielt auch darauf ab, weitere wettbewerbliche Impulse zu setzen.

Die Rufe nach einer umfassenden Reform des Morbi-RSA wurden in den letzten Jahren zunehmend lauter. Insbesondere die verschiedenen Verbände der Krankenkassen und auch einzelne Bundesländer haben mittels Gutachten umfangreichen Reformbedarf vorgebracht. Die Kritiker des gegenwärtigen Ausgleichsystems bemängeln, dass der heutige Morbi-RSA es nicht schafft, für faire Wettbewerbsbedingungen in der GKV zu sorgen und betonen, dass die Verteilungswirkungen des Morbi-RSA zu einer Ungleichbehandlung der Kassenarten geführt haben (vgl. Ulrich 2017 und 2018).

Zentrale Vorhaben des GKV-FKG bestehen aus Vorschlägen der beiden Gutachten des Wissenschaftlichen Beirats, gehen aber in einigen Punkten darüber hinaus bzw. bleiben an anderen Stellen dahinter zurück (vgl. Drösler et al. 2017 und 2018, Deutscher Bundestag 2020). Kernelemente des GKV-FKG in Bezug auf den Morbi-RSA sind die Einführung einer Regionalkomponente zur Reduzierung von Wettbewerbsverzerrungen aufgrund regionaler

Ausgabenunterschiede, die Erweiterung der Krankheitsauswahl hin zu einem differenzierten Vollmodell in Verbindung mit einer Manipulationsbremse sowie die Einführung eines Risikopools für Hochkostenfälle. Außerdem sieht das GKV-FKG neben Änderungen im Organisationsrecht der Krankenkassen sowie in den Governance-Strukturen des GKV-Spitzenverbandes auch fachfremden Änderungsbedarf vor, unter anderem bei der Arzneimittelversorgung. Das nichtzustimmungspflichtige Gesetz soll im März 2020 im 2. Durchgang im Bundesrat beraten werden und noch im Frühjahr 2020 in Kraft treten. Die Regelungen werden dann im Jahr 2021 für die Krankenkassen finanzwirksam (vgl. Deutscher Bundestag 2020).

Bis zur Gesetzverabschiedung wurde über die Strukturen des GKV-Spitzenverbandes (GKV-SV) diskutiert. Angedacht war ein neuer Lenkungs- und Koordinierungsausschuss (LKA), der mit Kassenvorständen besetzt werden sollte. Das GKV-FKG regelt nun, dass der LKA keine Entscheidungsbefugnisse erhält. Entscheidungen des Vorstandes des GKV-SV bedürfen nicht der Zustimmung des LKA, sondern sind lediglich im Benehmen mit dem LKA zu treffen. Der Vorstand des GKV-SV hat die Empfehlungen des LKA zu beachten und muss bei abweichenden Entscheidungen die Gründe schriftlich darlegen. An der bisherigen Größe des Verwaltungsrats wird festgehalten.

Der folgende Beitrag analysiert die wichtigsten inhaltlichen Punkte des Gesetzes und stellt zur Diskussion, inwieweit die gesetzlichen Regelungen zu einer sachgerechten Weiterentwicklung des Morbi-RSA beitragen.

2. Reformziele

Die Zuweisungen für Pflichtleistungen werden durch den Morbi-RSA so angepasst, dass sie dem unterschiedlichen Versorgungsbedarf der Versicherten einer Krankenkasse Rechnung tragen. Die Zuweisungen bilden den Kern des Morbi-RSA. Der Morbi-RSA stellt auf indirektem Weg somit die für den Wettbewerb erforderliche Risikoäquivalenz her. Um einen Finanzausgleich mit seinen Ineffizienzen zu vermeiden, erhalten die Krankenkassen aus dem Gesundheitsfonds nicht ihre tatsächlichen Ausgaben, sondern standardisierte Zuweisungen in Höhe des Bundesdurchschnitts.

Abbildung 1 fasst die Ziele des RSA graphisch zusammen. Wie die Abbildung veranschaulicht, hat der Morbi-RSA das Ziel der Sicherstellung von Risikoäquivalenz im solidarischen GKV-System mit einkommensabhängigen Beiträgen. Dabei soll er insbesondere eine unerwünschte Risikoselektion verhindern bzw. verringern.

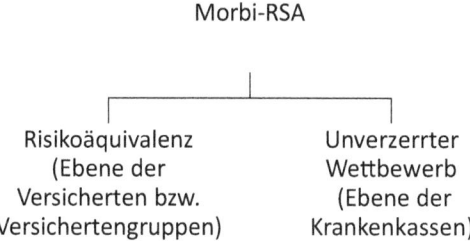

Abbildung 1: Ziele des Morbi-RSA: Risikoäquivalenz und Wettbewerbsneutralität
Quelle: Darstellung in Anlehnung an Wille/Ulrich/Schneider 2007, S. 31.

Dieser Aspekt betrifft die Ebene der Versicherten bzw. Versichertengruppen. Krankenkassen sollen keinen Vorteil daraus ziehen können, dass sie überwiegend junge und gesunde Versicherte in ihren Reihen haben, während andere Krankenkassen vermehrt hohe Risiken im Versichertenpool aufweisen. Da die Zuordnung der Versicherten auf die einzelnen Krankenkassen historisch bedingt ist, würden ohne Morbi-RSA Krankenkassen vom Markt ausscheiden und dies nicht deshalb, weil sie in der Tendenz unwirtschaftlich sind, sondern aufgrund ihrer ungünstigen Versichertenstruktur. Natürlich sollen in einem wettbewerblich ausgerichteten System auch Krankenkassen vom Markt ausscheiden, es sollen aber diejenigen ausscheiden, die keine schlanke Verwaltung besitzen oder die unzureichende Versorgungspakete anbieten, nicht aber diejenigen, die eine ungünstige Versichertenstruktur aufweisen.

Wettbewerb findet aber nicht nur auf der Ebene der Versicherten bzw. zwischen Gruppen von Versicherten statt, sondern auch auf der Ebene der Krankenkassen bzw. der Verbände der Krankenkassen.

Tabelle 1 zeigt, dass sich die Deckungsquoten nach der Zahl der Morbiditätsgruppen (HMG) zwischen 2015 und 2018 nicht gleichläufig entwickelten. Die Überdeckung der Versicherten ohne Morbiditätsgruppe („Gesunden") hat sich in den letzten vier Jahren wieder erhöht. Dagegen sind die Versicherten mit vier und mehr Morbiditätsgruppen inzwischen zu 100% gedeckt. Unterdeckungen existieren dazwischen, d.h. bei ein, zwei oder drei Morbiditätsgruppen.

Wettbewerb herrscht auch zwischen den einzelnen Krankenkassen bzw. Kassenarten, gegenwärtig ist es einen Preiswettbewerb über den Zusatzbeitragssatz. Auf dieser Ebene soll der Morbi-RSA einen unverzerrten Wettbewerb um gute Versorgungsangebote initiieren bzw. ermöglichen. Insbesondere die Ersatz-, Betriebs- und Innungskrankenkassen betonen, dass sie durch Fehlsteuerungen des gegenwärtigen Morbi-RSA seit Jahren deutlich weniger aus

Tabelle 1: Deckungsquoten nach Altersgruppen und Anzahl Morbiditätszuschläge (LAoKG; JA 2017)

	keine HMG	eine HMG	zwei HMG	drei HMG	vier und mehr HMG
JA 2015	104,0	96,5	97,3	98,6	100,8
JA 2016	104,4	96,5	96,7	97,8	100,7
JA 2017	104,8	96,1	96,4	98,0	100,8
JA 2018	105,3	95,7	96,0	98,9	100,8

Quelle: BAS 2020.

dem Gesundheitsfonds erhalten als sie für die Versorgung ihrer Versicherten benötigen. Die Schere zwischen den Über- und Unterdeckungen hat sich seit Jahren weiter geöffnet. Laut den aktuellen Zahlen des Bundesamts für Soziale Sicherung (RSA-Schlussausgleich 2018, BAS 2019) liegt die Differenz zwischen Über- und Unterdeckungen allein 2018 bei rund 2,6 Mrd. Euro.

Der AOK Bundesverband (2019) betont dagegen, dass das GKV-FKG nur an sehr wenigen Stellen dem Anspruch gerecht wird, den der Gesetzgeber mit einem „Faire Kassenwettbewerb Gesetz" suggeriert. In einigen Bereichen schwächt das Gesetz sogar den bereits heute bestehenden versorgungsorientierten Wettbewerb der Krankenkassen, insbesondere weil durch diverse Maßnahmen die Zielgenauigkeit und damit die Funktionsfähigkeit des Morbi-RSA massiv eingeschränkt wird (vgl. AOK Bundesverband 2019, S. 7).

Da der Morbi-RSA keinen Ausgleich der Ist-Ausgaben einer Krankenkassen darstellt, sondern ein prospektiver Ansatz ist, der die Folgekosten von chronischen Krankheiten im darauffolgenden Jahr ausgleicht (anhand bundesdurchschnittlicher Werte), hängen nicht alle Probleme der Krankenkassen ausschließlich mit dem Morbi-RSA zusammen. Selbst ein perfekter Morbi-RSA stößt an Grenzen, wenn der Gesetzgeber den Krankenkassen nicht genügend Handlungsparameter an die Hand gibt, insbesondere im Vertragsgeschäft auf dem Versicherungs- und Leistungsmarkt, die ebenfalls einer stärkeren Öffnung bedürfen. Dazu braucht es eines zielgenauen Morbi-RSA, um den heutigen in erster Linie preisgesteuerten Krankenkassenwettbewerb durch einen Wettbewerb um bessere Versorgungslösungen zu ersetzen (vgl. Rebscher 2015).

3. Verabschiedung GKV-FKG am 12. Februar 2020: Zentrale Maßnahmen

3.1 Einführung einer Regionalkomponente mit Übergangsphase im Jahr 2021

Im Kontext der Evaluation des Morbi-RSA wurde intensiv über die Notwendigkeit der Einführung einer regionalen Komponente diskutiert. Der derzeitige Morbi-RSA bewirkt über seine Komponenten Alter, Geschlecht, Bezug von Erwerbsminderungsrente und direkter Morbidität bereits eine implizite Regionalisierung der Zuweisungen. Diese bisherigen RSA-Komponenten erklären zusammen aber nur ca. 60% der Ausgabenvarianz (vgl. Drösler, S. et al. 2018, S. 78). Im gegenwärtigen Morbi-RSA treten Unterdeckungen vor allem in Kernstädten bzw. zentralen Ballungsräumen und deutlich schwächer in ländlichen Kreisen geringerer Dichte bzw. sehr peripheren Räumen auf. Dagegen finden sich Überdeckungen in verdichteten und ländlichen Kreisen verstädterter Räume sowie im ländlichen Raum in Kreisen höherer Dichte (vgl. Göpffarth 2013). Diese Unter- und Überdeckungen bzw. die unterschiedlichen Deckungsquoten gehen auf ein vielschichtiges Spektrum angebots- und nachfrageseitiger Einflussgrößen zurück (vgl. Ulrich/Wille 2019). Hinsichtlich der Notwendigkeit einer regionalen Komponente im Morbi-RSA stellt sich die Frage, ob es sich bei diesen Einflussgrößen um Faktoren handelt, die einzelne Krankenkassen steuern können oder um Effekte von für sie nicht beeinflussbaren Faktoren, die letztlich eines Ausgleichs bedürfen.

Grundsätzlich stellen regionale Ausgabenunterschiede kein Problem dar, Probleme resultieren aber aus dem nebeneinander von bundesweit und landesweit operierenden sowie regionalen Krankenkassen. Regionale Unterdeckungen, die in exogenen Einflussgrößen wurzeln, benachteiligen vor allem regional aufgestellte Krankenkassen gegenüber bundes- und landesweit operierenden, aber auch landesweit tätige Krankenkassen gegenüber bundesweit agierenden. Bei regionalen Überdeckungen verhält es sich entsprechend umgekehrt. Diese Problematik gewinnt derzeit wieder an Bedeutung, da sich mit zunehmend unterschiedlichen Zusatzbeiträgen der Wettbewerb der Krankenkassen um Versicherte spürbar intensiviert.

Hintergrund der Einführung einer Regionalkomponente ist es, regionale Unterschiede bei den Ausgabenstrukturen und die daraus resultierenden Wettbewerbsverzerrungen unter den gesetzlichen Krankenkassen auszugleichen. Auf diese Weise sollen regionale Über- und Unterdeckungen bei Krankenkassen abgebaut und einer weiteren Marktkonzentration in einigen Regionen vorgebeugt werden (vgl. Drösler et al. 2018).

Einwände gegen die Einführung einer regionalen Komponente in den Morbi-RSA wiesen darauf hin, dass sie eine Überversorgung in Ballungsgebieten und eine Unterversorgung in weniger ausgabenintensiven Regionen zementiere (vgl. AOK Bundesverband 2019). Gegen diese Befürchtungen spricht, dass die Vorhaltung einer qualitativ hochwertigen medizinischen Infrastruktur auch den Versicherten aus den umliegenden Regionen zur Verfügung steht. Weiterhin werden ländliche Regionen ja nicht untergedeckt, es wird lediglich die Überdeckung abgebaut. Zudem stellt die regionale Komponente keinen Ist-Ausgleich dar, so dass die Anreize des prospektiven Morbi-RSA erhalten bleiben.

Künftig werden regionale Merkmale in den Morbi-RSA einbezogen. Das GKV-FKG sieht die Umsetzung des vom Wissenschaftlichen Beirat vorgeschlagenen Ansatzes des regionalstatistischen Direktmodells vor. Tabelle 2 enthält die zehn ausgewählten Variablen bzw. Bestimmungsfaktoren der regionalen Deckungsbeiträge. Sie zeichnen für den Großteil der Gesamtvarianz der Deckungsbeiträge verantwortlich, so dass die Berücksichtigung weiterer erklärender Variable nur noch einen geringen Erklärungsgehalt bieten würde. Während das Variablenset M1 zehn Bestimmungsfaktoren enthält, reduziert M2 diese auf sechs. Es fehlen hier die Facharzt- und Hausarztdichte, die Krankenhausbetten sowie der Gesamtwanderungssaldo. Die Politik hat sich für das Variablenset M2 entschieden und bezieht bei der Festlegung der regionalen Merkmale für das Versichertenklassifikationsmodell keine angebotsorientierten Faktoren ein. Auf diese Weise soll verhindert werden, dass der Morbi-RSA Über- und Unterversorgung zementiert.

Gleichzeitig wurde die ursprünglich in der Risikostruktur-Ausgleichsverordnung (RSAV) beispielhaft genannte Aufzählung der Preisstruktur medizinischer Leistungen gestrichen. Da sich Unterschiede in der Preisstruktur insbesondere in den Angebotsvariablen niederschlagen, würde dieser Passus keinen Sinn ergeben, wenn man gleichzeitig die angebotsorientierten Faktoren aus dem Versichertenklassifikationsmodell ausschließt.

Die Regionalkomponente wird im Jahr 2021 noch nicht vollumfänglich wirken, sie wird mit einer Finanzwirkung von 75% umgesetzt (vgl. Deutscher Bundestag 2020). Ab dem Jahr 2022 werden die finanziellen Auswirkungen der Regionalkomponente dann vollständig zum Tragen kommen.

Quo vadis Morbi-RSA 21

Tabelle 2: Regionale Merkmale im Morbi-RSA

Nummer	Variablenset	
	M1	**M2**
1	Sterbekosten (Haupt- und Produktterm)	Sterbekosten (Haupt- und Produktterm)
2	Zuweisungen	Zuweisungen
3	Ambulante Pflege	Ambulante Pflege
4	Sterberate	Sterberate
5	Pflegebedürftige (Haupt- und Produktterm)	Pflegebedürftige (Haupt- und Produktterm)
6	Facharztdichte (Haupt- und Produktterm)	Stationäre Pflege
7	Gesamtwanderungssaldo	
8	Hausarztdichte (Haupt- und Produktterm)	
9	Stationäre Pflege	
10	Krankenhausbetten	

Quelle: Drösler et al. 2018.

Eine Evaluation der Wirkungen des RSA ist verpflichtend mindestens einmal in vier Jahren vorgesehen. Die Regionalkomponente und die Manipulationsbremse sollen aber einmalig gesondert in zwei Gutachten bereits im Jahr 2023 für das erste Ausgleichsjahr 2021 evaluiert werden. Mit Blick auf die Regionalkomponente wird durch den Wissenschaftlichen Beirat untersucht, welche regionalen Merkmale auf Versichertenebene regionale Deckungsbeitragsunterschiede besser erklären würden und welche versichertenbezogenen pseudonymisierten Daten für eine bessere Beurteilung zusätzlich erhoben werden müssten (vgl. BARMER 2020).

3.2 Vollmodell für die im Morbi-RSA berücksichtigter Erkrankungen

Künftig fließt in die Berechnungen des Versichertenklassifikationsmodells das gesamte Krankheitsspektrum ein. Einige Krankenkassen sehen diese Ausweitung insbesondere vor dem Hintergrund der damit auch erweiterten

Manipulationsanreize kritisch (vgl. BKK Dachverband 2019). Allerdings führt ein Vollmodell zu deutlich niedrigeren Beträgen der Zuweisungen für einzelne Erkrankungen und auch der Risikopool bewirkt eine deutliche Reduktion der Zuweisungen über die entsprechenden HMGs.

Da das Altverfahren bereits die Krankheiten mit der größten Kostenrelevanz erfasst hat, ist der Zugewinn bei der Prognosegüte vergleichsweise gering. Auf der anderen Seite steigt die Komplexität des Verfahrens. Ein Vollmodell ändert zwar nichts an der Zahl der Datenlieferungen, die Zahl der zu berücksichtigenden Morbiditätsgruppen (HMG), Diagnosegruppen (DxG), Stränge, Hierarchien und ICD-Kodes wird sich aber stark erhöhen.

Die Einführung eines Krankheitsvollmodells ist aber nur dann vorteilhaft, wenn ausgeschlossen werden kann, dass Einnahmeoptimierungen durch Diagnosebeeinflussung noch ausgeweitet und die neuen Krankheiten in Hierarchiesträngen eingebettet werden können, so dass sich Zuweisungsprobleme bei multimorbiden älteren Menschen nicht noch vergrößert. Hierbei spielen auch Maßnahmen zur Reduktion der Manipulationsanfälligkeit des Mori-RSA eine wichtige Rolle. Dies gilt insbesondere für die Einführung einer Manipulationsbremse, die verhindern soll, dass die Häufigkeit einer Diagnose nur deshalb zunimmt, weil die Erkrankung nun im Morbi-RSA berücksichtigt wird. Dem GKV-Spitzenverband wird ein Vetorecht gegen den Ausschluss eingeräumt werden, wenn der Diagnoseanstieg medizinisch oder diagnostisch bedingt ist. Für die Manipulationsbremse sind insbesondere die Wirkungen auf die Manipulationsresistenz, die Zielgenauigkeit, die Verringerung von Anreizen zur Vermeidung von Risikoselektion und der medizinisch nicht gerechtfertigten Leistungsausweitung zu untersuchen. Mit dieser Vorgehensweise kann auf mögliche Fehlwirkungen in der Zuweisungssystematik bereits frühzeitig reagiert werden. Künftig wird auch zu prüfen sein, ob nicht verstärkt individuelle Risikomerkmale die Regionalvariablen ergänzen bzw. ersetzen könnten (vgl. Wasem/Buchner 2019). Die Manipulationsbremse, die steigende Prävalenzen RSA-relevanter Diagnosen als starken Hinweis auf eine Beeinflussung der Diagnosedokumentation wertet und Morbiditätsgruppen mit den höchsten Steigerungsraten ausschließen kann, erscheint unter diesem Aspekt sicherlich ein geeignetes Reformelement. Es sollte aber nicht unerwähnt bleiben, dass die Manipulationsbremse den Übergang zum Vollmodell auch konterkarieren kann, indem sie zwischen Morbiditätsgruppen selektioniert (vgl. Wasem/Buchner 2019). Negative Kostenschätzer im Regressionsmodell führen wie bisher dazu, dass die entsprechenden Variablen in der Regression herausgenommen werden. Damit lässt sich vermeiden, dass durch den Ausschluss freiwerdende Mittel pauschal über alle Versicherten verteilt werden.

Die ab dem Klassifikationsverfahren 2020 umzusetzenden Alterssplits für hierarchisierte Morbiditätsgruppen (HMG), die mehrfache Arzneimitteldifferenzierung und auch die mit der Reform einzuführende Manipulationsbremse sind weitere Komponenten eines solchen Gesamtpakets. Die Alterssplits und die mehrfache Arzneimitteldifferenzierung sind nicht Bestandteile des GKV-FKG, sie wurden bereits im Jahr 2019 untergesetzlich geregelt in den bestehenden Morbi-RSA eingeführt.

Die Grundidee eines Alterssplits oder einer Altersdifferenzierung besteht in der Berechnung altersspezifisch getrennter Kostenschätzer. Damit lassen sich altersbezogene Über- und Unterdeckungen in einer HMG besser ausgleichen. Abbildung 2 illustriert für den fiktiven Fall die mögliche Einteilung der Altersgruppen anhand des Verlaufs der Deckungssummen und der Deckungsbeiträge.

In diesem Beispiel bietet sich eine Zweiteilung an, einmal bis zum Alter von 29 Jahren und ab dem 30. Lebensjahr. Das Verfahren zur Variablenselektion setzt hier an der Summe der absoluten Über- und Unterdeckungen über alle Altersgruppen an. Es werden die HMGs mit den absolut höchsten altersbezogenen Fehldeckungssummen ausgewählt. HMGs, die sich in einer Hierarchie befinden, die nicht für die Überarbeitung des Modells 2020 vorgesehen ist, sollten in diesem Jahr nicht angepasst werden. HMGs, bei denen eine Arzneimitteldifferenzierung vorgenommen wird, werden nicht einer gleichzeitigen Altersdifferenzierung unterzogen. Die Grenzziehung hängt natürlich vom Verlauf der Deckungsprofile ab. In vielen Fällen wird eine einfache Aufteilung, die auch rechnerisch erfolgen kann, bereits zielführend sein. Bei einer mehrfachen Aufteilung können die verschiedenen Varianten simuliert werden. Zu Beginn des Jahresausgleichs 2021 erfolgt zunächst eine Begrenzung auf 10 HMGs, die in den Folgejahren ausgeweitet wird.

Das erscheint zunächst wenig, auch hier sind jedoch mögliche Wechselwirkungen mit den anderen Reformmaßnahmen zu beachten, welche die Effekte der Alterssplits beeinflussen. Das Vollmodell impliziert durch die Erfassung aller 360 Krankheiten eine Reduktion morbiditätsbezogener Über- und Unterdeckungen, d.h. es werden geringere altersbezogene Fehldeckungen als im Status quo entstehen. Da mehr Differenzierungsmöglichkeiten im Vollmodell bestehen, gibt es eventuell einen geringeren Differenzierungsbedarf.

Arzneimittel werden im gegenwärtigen Klassifikationssystem zu zwei Zwecken eingesetzt:

- Diagnosevalidierung (Verifizierung der Richtigkeit oder des klinischen Gehalts der Diagnose)
- Differenzierung des Schweregrades einer Diagnose.

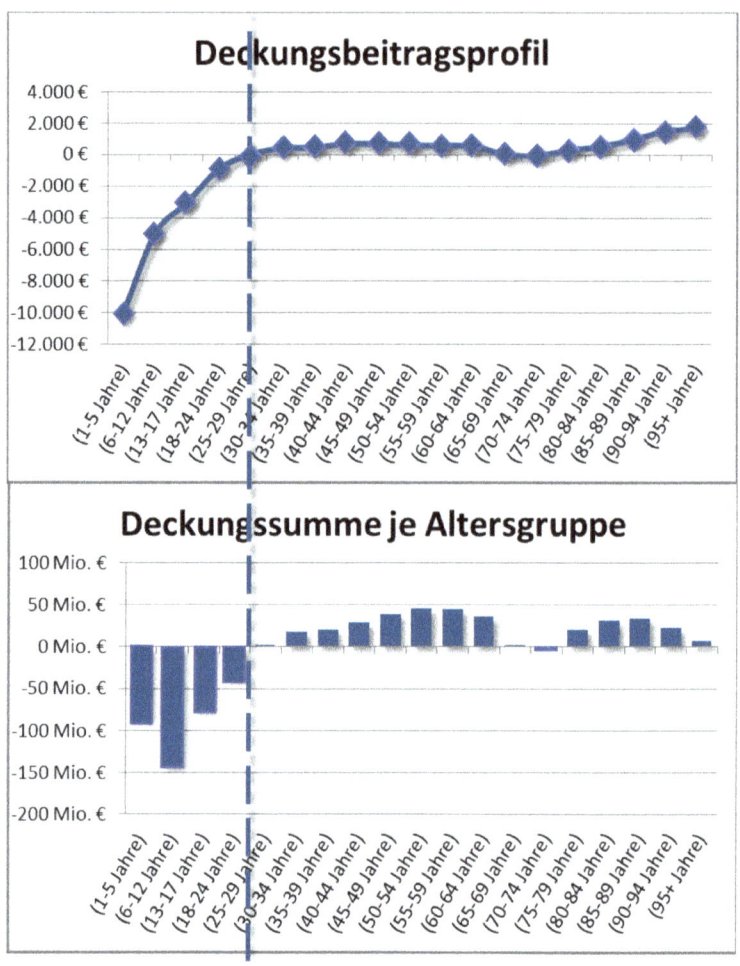

Abbildung 2: Illustration der Wirkung von Alterssplits
Quelle: Eigene Darstellung in Anlehnung an BAS.

Die Diagnosevalidierung erfolgt anhand einer Auswahl von geeigneten Arzneimitteln über zwei Arten der Arzneimittelzuordnung: obligat und klinisch relevant. Im obligaten Fall erfolgt die Zuordnung zu einer bestimmten Diagnosegruppe nur, wenn neben den geforderten Diagnosekriterien auch das zusätzliche Kriterium Arzneimitteltherapie erfüllt wird. Das ist beispielsweise bei bestimmten Infektionserkrankungen der Fall oder auch beim Typ-1-Diabetes mellitus.

Im Fall der klinischen Relevanz werden mit Hilfe von Arzneimitteln nur die klinisch relevanten Fälle aufgegriffen. Abweichend von den anderen Konstellationen wird hier nicht nur eine zeitgleiche Verordnung gefordert, sondern es ist auch das M2Q-Kriterium (Verordnung in mindestens 2 Quartalen) zu erfüllen. Als Beispiele können hier die essenzielle Hypertonie, degenerative Hirnerkrankungen/Morbus Alzheimer oder auch das Asthma bronchiale genannt werden.

Im Unterschied zur Validierung berücksichtigt die (einfache) Arzneimitteldifferenzierung Arzneimittelverordnungen, um unterschiedliche Verläufe bzw. Schweregrade oder Krankheitsausprägungen abzubilden. Dies ist beispielsweise bei der Hämophilie (leicht und schwer) oder bei HIV/AIDS (leichte und schwere Verläufe) der Fall.

Künftig wird nun eine mehrfache Arzneimitteldifferenzierung möglich sein. Die Höhe der Zuschläge wird dann mit unterschiedlichen Arzneimitteltherapien korrelieren. Abbildung 3 illustriert eine pyramidale Ausgestaltung der mehrfachen Arzneimitteldifferenzierung. Die Diagnosen erhalten mit entsprechender Arzneimitteltherapie einen höheren Zuschlag als mit anderer Therapie respektive als ohne Arzneimitteltherapie.

In einem ersten Schritt wird die mehrfache Arzneimitteldifferenzierung zunächst für einzelne Erkrankungen untersucht. Folgende Kriterien werden

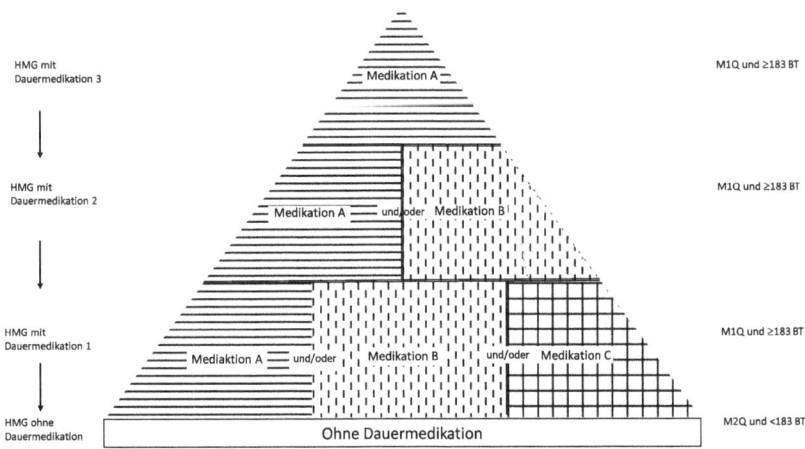

Abbildung 3: Mehrfache Arzneimitteldifferenzierung
Quelle: Eigene Darstellung in Anlehnung an BAS.

bei der Auswahl zugrunde gelegt: Besteht im Status quo bereits eine Differenzierung mit Arzneimitteln und ist eine pharmakologische Abgrenzung von Arzneimittelgruppen möglich? Vor diesem Hintergrund wird eine mehrfache Arzneimitteldifferenzierung für das Ausgleichsjahr 2021 bei den folgenden drei Morbiditätsgruppen implementiert:

- Gastrointestinale Erkrankungen: Morbus Crohn, Colitis ulcerosa
- Erkrankungen der Haut, Psoriasis
- Chronischer Schmerz.

3.3 Streichung der Erwerbsminderungsgruppen

Erwerbsminderungsgruppen (EMG) setzen sich aus Versicherten zusammen, die aus gesundheitlichen Gründen bereits vor dem regulären Renteneintrittsalter nicht mehr oder nur noch zeitweise arbeiten können. Sie erhalten eine Erwerbsminderungsrente, die ihr Gehalt ersetzt oder ergänzt. Bisher bekommen Krankenkassen für jeden Erwerbsminderungsrentner einen Zuschlag aus dem Gesundheitsfonds. Diese Regelung stammt noch aus dem ersten Risikostrukturausgleich, der bis zum Jahr 2009 galt. Damals gab es noch keine direkte Morbiditätskomponente im Finanzausgleich der Krankenkassen, das heißt der Ausgleich von Krankheitskosten anhand von Diagnosen existierte noch nicht.

Als 2009 die unmittelbare Morbiditätskomponente im RSA eingeführt wurde, wurden die EMG beibehalten, so dass nicht ausgeschlossen werden kann, dass die Kosten für die Erwerbsminderungsrentner zumindest teilweise doppelt berücksichtigt werden, sofern sie eine der im Morbi-RSA enthaltenen Krankheiten hatten. Durch die Einführung des Vollmodells könnte sich dieser Effekt nochmals verstärken.

Das GKV-FKG sieht vor, dass der Erwerbsminderungsstatus künftig keine Risikovariable im Morbi-RSA mehr sein soll. In der Krankenkassenlandschaft ist die Berücksichtigung des Erwerbsminderungsstatus umstritten. Der Wissenschaftliche Beirat hat sich in seinem Sondergutachten 2017 sehr umfassend mit der Thematik beschäftigt (vgl. Drösler et al. 2017). Im Ergebnis stellte er fest, dass eine Streichung der Variablen nicht sachgerecht ist, weil die betroffenen Versicherten dann deutlich unterdeckt sind und zum Ziel von Risikoselektionsmaßnahmen werden können. Allerdings sah der Wissenschaftliche Beirat eine Weiterentwicklungsmöglichkeit darin, dass die EMG nicht mehr auf der Ebene von Alter und Geschlecht verwendet werden, sondern als Schweregradindikator für die Morbiditätsgruppen. Dies auch vor dem Hintergrund, dass die mit dem Erwerbsminderungsstatus einhergehenden Mehrausgaben zwischen den verschiedenen Erkrankungen unterschiedlich sind. Um die hohen Unterdeckungen bei jungen Erwerbsminderungsrentnern zu beheben, wurde als erster Schritt eine bessere Altersabgrenzung für diese Versicherten angeregt. Der Wissenschaftliche Beirat analysierte aber nur eine Streichung im Status quo und berücksichtigte nicht die weiteren Reformoptionen wie Vollmodell und Risikopool. Dies verdeutlicht, dass letztlich dem Gesamtpaket des GKV-FKG entscheidende Bedeutung zukommt, da die einzelnen Reformbestandteile in direkter Abhängigkeit zueinanderstehen.

3.4 Hochkostenrisikopool

Das GKV-FKG führt einen Hochkostenrisikopool wieder ein. Liegen die Leistungsausgaben eines Versicherten im Jahr über 100.000 Euro, wird der übersteigende Betrag zu 80% aus dem Gesundheitsfonds finanziert. Die um den Risikopool bereinigten Leistungsausgaben gehen anschließend in die weiteren Morbi-RSA-Berechnungen ein. Berücksichtigung findet der Risikopool nur im Jahresausgleich, nicht in den monatlichen Abschlagszahlungen. Im System des Alt-RSA gab es zwischen 2002 und 2008 schon einmal einen Risikopool, der einen partiellen Ist-Ausgabenausgleich jenseits einer bestimmten Ausgabenschwelle vorsah. Damit sollten Risikoselektionsanreize gegenüber Versicherten mit besonders hohen Leistungsausgaben zumindest abgeschwächt werden. Mit Einführung des Morbi-RSA ab 2009 verlor der Risikopool an Bedeutung, seine Zweckmäßigkeit wird aber in regelmäßigen Abständen thematisiert.

Der Wissenschaftliche Beirat legte sich in seinem Sondergutachten nicht eindeutig fest. Insbesondere wies er auf den deutlich erhöhten Kontrollaufwand bei einer Erstattung auf Ist-Ausgaben-Basis hin und bewertete einen an Unterdeckungen nach Morbi-RSA anstelle eines an Leistungsausgaben vor Morbi-RSA ausgerichteten Risikopools für überlegen (vgl. Drösler et al. 2017). Im gegenwärtigen Morbi-RSA kommt es zu einer Belastung insbesondere der kleineren Krankenkassen durch sehr leistungsintensive Patienten (vgl. Gutachten I GES/Glaeske/Greiner 2015). Zudem verschlechtern solche Hochkostenfälle die Zielgenauigkeit des Morbi-RSA. Durch den neuen Hochkostenrisikopool schwächen sich auch die sich abzeichnenden Probleme im Umgang mit sehr teuren Arzneimittelinnovationen ab. Allerdings könnte der Ist-Ausgabenausgleich die Bereitschaft der Industrie zu Risk-Sharing-Verträgen bei ATMPs (Advanced Therapy Medicinal Products) beeinträchtigen, da der Risikopool die Belastungen der Krankenkassen begrenzt ohne vertragliche Beteiligungen der Industrie.

Die Frage der Zweckmäßigkeit eines Hochrisikopools zur Steigerung der Zielgenauigkeit des Morbi-RSA hängt maßgeblich von der konkreten Ausgestaltung des Morbi-RSA ab. Möchte man einen Hochrisikopool als flankierende Maßnahme umsetzen, ist es wichtig, eine systematische und anreizkonforme Integration dieses Ist-Kostenelements zu erarbeiten (vgl. AOK Gemeinschaft 2016). Dabei gilt es auch, Verwaltungsaspekte zu berücksichtigen. Insgesamt besaß der Risikopool, der bis 2008 gültig war, keine relevanten Effekte, da der Gesetzgeber einen hohen Schwellenwert und einen hohen Eigenbeteiligungssatz beschloss (vgl. Wasem 2007).

3.5 Verbot von Diagnosevergütungen, Haftungsregeln, Boni Vorsorgemaßnahmen

Das GKV-FKG setzt das ursprünglich vorgesehene Verbot von Diagnosevergütungen im Rahmen von Selektivverträgen nicht um. Vertragliche Vereinbarungen zwischen Leistungserbringern und Krankenkassen, in denen bestimmte Diagnosen als Voraussetzung für Vergütungen vorgesehen werden, sollten laut Kabinettsfassung des Gesetzentwurfs generell verboten und damit sämtliche Umgehungsstrategien in Verträgen unterbunden werden (vgl. BARMER 2020).

Die bereits mit dem Heil- und Hilfsmittelversorgungsgesetz (HHVG) im Jahr 2017 eingeführte Regelung zum Verbot von Diagnosevergütungen sollte mit dem GKV-FKG neuformuliert und strenger umgesetzt werden. Mit dem HHVG reagierte der Gesetzgeber auf Vorwürfe zur Manipulationsanfälligkeit des Morbi-RSA. In der Aufsichtspraxis wurden allerdings nach wie vor Verträge identifiziert, die über Extra-Vergütungen Kodieranreize setzen könnten, um letztlich finanzielle Mittel aus dem Morbi-RSA zu generieren (vgl. BVA 2018). Jedoch werden die Regelungen von den Aufsichtsbehörden für bundes- und landesweit tätige Krankenkassen teilweise unterschiedlich ausgelegt. Einheitliche und verbindliche Rahmenbedingungen der Aufsichtspraxis sind aber zwingende Voraussetzung für einen fairen Wettbewerb. Auch wenn das GKV-FKG richtige Anpassungen zur Harmonisierung der Aufsicht vorsieht, dürften die Diskussionen über unterschiedliches Aufsichtshandeln nicht verstummen und die Thematik auf der künftigen Reformagenda bleiben. Mit Blick auf die Vergütung von Diagnosen bleibt es nun bei dem im HHVG geregelten Status quo.

Durch das Verbot einer Vergütung für die Vergabe bestimmter Diagnosen hätte die Gefahr bestanden, dass sinnvolle Versorgungssteuerung erschwert bzw. sogar unmöglich wird. Denn Versorgungsverträge nehmen notwendigerweise spezifische Krankheiten in den Fokus. Vergütungen für Leistungen, die aus medizinischen Gründen für bestimmte Patientengruppen vereinbart werden, sollten daher weiterhin zulässig bleiben. Dennoch hätte man Diagnosevergütungen losgelöst von Patientengruppen noch stärker unterbinden können (vgl. Wasem/ Buchner 2019).

Der Regierungsentwurf sieht die Abschaffung der zweistufigen Haftungskaskade vor, nach der zunächst bei finanziellen Schieflagen Kassen der gleichen Kassenart und im zweiten Schritt organisiert über den GKV-Spitzenverband sämtliche Krankenkassen haften.

Mit der Einführung eines einstufigen Haftungssystems greift der Gesetzgeber eine entsprechende Überlegung des Wissenschaftlichen Beirats in seinem Sondergutachten auf (vgl. Drösler et al. 2017). Der Beirat stellte fest, dass ein wesentliches Kennzeichen des Kassenwettbewerbs auch der Wettbewerb innerhalb der Kassenarten sei. Vor diesem Hintergrund ist eine primäre Haftung bei Insolvenz oder Schließung durch Kassen der gleichen Kassenart wenig begründbar. Sachgerecht sei vielmehr ein einstufiges Haftungssystem organisiert über den GKV-Spitzenverband, das mit dem GKV-FKG nun umgesetzt wird (vgl. Wasem/ Buchner 2019).

Die Problematik „Morbi-RSA und Prävention" ist in konzeptioneller Perspektive grundsätzlich unstrittig (vgl. Drösler et al 2017). Der Wissenschaftliche Beirat betonte, dass es ein Spannungsverhältnis zwischen Risikoausgleich für Erkrankungen und Präventionsanstrengungen durch die Krankenkassen gibt. Im Vergleich zu einer Situation ohne Morbi-RSA und ohne die Möglichkeit eines Krankenkassenwechsels haben Krankenkassen, sofern ihre Versicherten mit den Zuweisungen gedeckt sind, verringerte Anreize zur Prävention. Eine Krankenkasse, die Präventionsaktivitäten durchführt, erzielt aufgrund des prospektiven Modells wegen des verbesserten Gesundheitszustands der Versicherten im Ausgleichsjahr einen positiven Deckungsbeitrag, denn die Zuweisungen sind höher sind als die tatsächlichen Kosten. In den Jahren danach erhält die Krankenkasse allerdings niedrigere Zuweisungen (bei gleichzeitig geringeren Ausgaben). Im Vergleich zu einer Situation ohne Morbi-RSA fallen deshalb geringere finanzielle Vorteile der Präventionsmaßnahme bei der Krankenkasse an.

Im Wissenschaftlichen Beirat besteht ein Konsens dahingehend, dass es nicht zielführend wäre, durch Präventionsaktivitäten vermeidbare Krankheiten, bei der Gestaltung der morbiditätsorientierten Zuschläge im Morbi-RSA auszuschließen. Denn dies würde zu negativen Selektionsanreizen führen, die durch den Morbi-RSA reduziert werden. Sofern die Gesundheitspolitik bestimmte Aktivitäten durch finanzielle Förderung forcieren möchte, sollten hierfür aber Mittel jenseits des Morbi-RSA zur Verfügung gestellt werden. Denn durch eine Förderung innerhalb des Morbi-RSA, die an anderer Stelle gegenfinanziert wird, werden wiederum den Wettbewerb verzerrende Selektionsanreize geschaffen.

Das GKV-FKG sieht nun die Einführung von Boni für Teilnehmer an Vorsorge- und Früherkennungsmaßnahmen vor. Damit sollen für die Krankenkassen Anreize gesetzt werden, ihre Versicherten zur Teilnahme an solchen Maßnahmen zu motivieren. Da auch die Förderung der Vorsorgeaktivitäten nicht zu einer Bereinigung der RSA-Zuweisungen führt, sondern über die mitgliederbezogene Veränderung der Zuweisungen erfolgt, setzt das GKV-FKG mit Blick auf Prävention die Empfehlungen des Wissenschaftlichen Beirats um.

4. Ausblick

Das GKV-FKG orientiert sich in wesentlichen Teilen an den beiden Sondergutachten des Wissenschaftlichen Beirats. Insoweit erfolgt durch den Gesetzentwurf überwiegend eine zielgerichtete Weiterentwicklung des Morbi-RSA. Mit dem neuen Maßnahmenbündel wird das Zuweisungssystem weniger wettbewerbsverzerrend und die Zuweisungen können dort ankommen, wo sie für die Versicherten benötigt werden. Das Maßnahmenpaket kann dazu beitragen, dass weiterhin eine hochwertige gesundheitliche Versorgung in den Regionen sichergestellt werden kann.

Die Entscheidung, den Morbi-RSA entlang der Linien des GKV-FKG weiterzuentwickeln, kann als eine zentrale Voraussetzung für einen erwünschten Wettbewerb zwischen den Krankenkassen angesehen werden, der auf Qualität und Wirtschaftlichkeit in der Versorgung abstellt. Es gelang bisher nur unzureichend, einen Wettbewerb zur Verbesserung der Versorgungsqualität zu stimulieren; vielmehr dominierte der Wettbewerb um möglichst geringe bzw. keine Zusatzbeiträge. Die Aufgabe der Schaffung eines unverzerrten Wettbewerbs mit Hilfe des Morbi-RSA setzt aber voraus, dass die Krankenkassen sich in einer entsprechenden wettbewerblichen Rahmenordnung bewegen. Alleine kann der Morbi-RSA die Probleme nicht lösen, der geeignete Ordnungsrahmen oder auch die Klärung der Aufsichtsfragen müssen hinzukommen. Die Politik muss entscheiden, ob sie Wettbewerb zwischen den Krankenkassen möchte und wie die Rahmenbedingungen gesetzt werden, dass auf Dauer eine ausreichende Zahl von Krankenkassen miteinander konkurrieren können.

Dabei ist der Morbi-RSA als lernendes System konzipiert, das permanent weiterentwickelt wird. Dies trifft schon deshalb zu, da mit den Ende 2019 abgegebenen Gutachten zu den Themen Krankengeld und Auslandsversicherte weitere Umsetzungsschritte anstehen.

Literatur

AOK Gemeinschaft (2016): Vorschläge für eine systematische Weiterentwicklung des Risikostrukturausgleichs, Positionen der AOK-Gemeinschaft, Berlin, Oktober 2016.

AOK-Bundesverband (2019): Stellungnahme des AOK-Bundesverbandes zur Anhörung des Gesundheitsausschusses am 18.12.2019, zum Entwurf eines Gesetzes für einen fairen Kassenwettbewerb in der gesetzlichen Krankenversicherung (Fairer-Kassenwettbewerb-Gesetz – GKV-FKG), Bundestag-Drucksache 19/15662, Berlin. URL: https://www.bundestag.de/ausschuesse/a14/anhoerungen/18-12-19-gkv-fkg-668394.

BAS – Bundesamt für Soziale Sicherung (2020): Risikostrukturausgleich, Auswertung zum Jahresausgleich 2018, Bonn. URL: https://www.bundesamtsozialesicherung.de/de/themen/risikostrukturausgleich/datenzusammenstellungen-und-auswertungen/.

BARMER (2020): Bundestag beschließt Reform des Morbi-RSA, Nr. 3, 13. Februar 2020, BARMER Kompakt, Gesundheitspolitische Nachrichten aus der Hauptstadt, Berlin.13. Februar 2020, Berlin. URL: www.barmer.de.

BKK DV – Dachverband der Betriebskrankenkassen (2019): Stellungnahme des BKK Dachverbandes e.V. vom 12. Dezember 2019 zum Entwurf eines Gesetzes für einen fairen Kassenwettbewerb in der gesetzlichen Krankenversicherung (Fairer-Kassenwettbewerb-Gesetz – GKV-FKG), BT-Drs. 19/15662, Berlin. URL: https://www.bundestag.de/ausschuesse/a14/anhoerungen/18-12-19-gkv-fkg-668394.

BVA – Bundesversicherungsamt (2018): Sonderbericht zum Wettbewerb in der Gesetzlichen Krankenversicherung, Bonn. URL: https://www.bundesamtsozialesicherung.de/de/service/downloadcenter/.

Cassel, D. et al. (Hrsg.) (2014): Solidarische Wettbewerbsordnung. Genese, Umsetzung und Perspektiven einer Konzeption zur wettbewerblichen Gestaltung der Gesetzlichen Krankenversicherung, medhochzwei, Heidelberg.

Deutscher Bundestag (2020): Gesetz für einen fairen Kassenwettbewerb in der gesetzlichen Krankenversicherung (Fairer-Kassenwettbewerb-Gesetz - GKV-FKG), Bundesrat Drucksache 75/20, 21.2.2020, Berlin. URL: http://dipbt.bundestag.de/extrakt/ba/WP19/2543/254399.html.

Drösler et al. (2017): Sondergutachten zu den Wirkungen des morbiditätsorientierten Risikostrukturausgleichs vom 27.11.2017 (korrigierte Fassung vom 25.01.2018), erstellt durch den Wissenschaftlichen Beirat zur Weiterentwicklung des Risikostrukturausgleichs beim Bundesversicherungsamt im Auftrag des Bundesministeriums für Gesundheit. URL: www. https://www.bundesamtsozialesicherung.de/de/.

Drösler et al. (2018): Gutachten zu den regionalen Verteilungswirkungen des Risikostrukturausgleichs vom 29. Juni 2018, erstellt durch den Wissenschaftlichen Beirat zur Weiterentwicklung des Risikostrukturausgleichs beim Bundesversicherungsamt im Auftrag des Bundesministeriums für Gesundheit. URL: www. https://www.bundesamtsozialesicherung.de/de/.

Göpffarth, D. (2013): Was wissen wir über die regionale Variation der Gesundheitsausgaben und was bedeutet das für den Risikostrukturausgleich? in: Gesundheit und Sozialpolitik, 2013/6, S. 29–35.

IGES, Glaeske, G. und Greiner, W. (2015): Begleitforschung zum Morbi-RSA (Teil 1), Kriterien, Wirkungen und Alternativen, Berlin, URL: i ges.com/e6/e1621/e10211/…/IGES_RSA-Begleitforschung_Teil_1_WEB_ger.pdf.

Jacobs, K. et al. (2002): Zur Wirkung des Risikostrukturausgleichs in der gesetzlichen Krankenversicherung – Eine Untersuchung im Auftrag des Bundesministeriums für Gesundheit – Endbericht, URL: http://www.iges.com/e6/e1621/e10211/e6061/e6630/e6632/e9590/e9592/attr_objs12667/RSA-Gutachten2001_ger.pdf.

Rebscher, H. und Walzik, E. (2015): Solidarische Wettbewerbsordnung – Der Diskussions-prozess um ein Allokationsinstrument für die Gesundheitsversorgung, in: Rebscher, H. (Hrsg.), Update: Solidarische Wettbewerbsordnung, medhochzwei Verlag, Heidelberg, S. 1–13.

Ulrich, V. (2017): Morbi-RSA – Weiterentwicklungsbedarf nach 2017, in: Wille, E. (Hrsg.), Neuerungen im Krankenhaus- und Arzneimittelbereich zwischen Bedarf und Finanzierung. 21. Bad Orber Gespräche über kontroverse Themen im Gesundheitswesen, Lang Verlag, Baden-Baden.

Ulrich, V. (2018): Zur Weiterentwicklung des Morbi-RSA: Cui bono? In: IMPLICONplus Gesundheitspolitische Analysen, 01/2018, Berlin. URL: www.implicon.de.

Ulrich, V. und Wille, E. (2019): Ergebnisbericht. Workshop Weiterentwicklung des Morbi-RSA. Reform des Morbi-RSA nach dem Referentenentwurf zum GKV-FKG, insb. unter regionalen Aspekten, unveröffentlichtes Manuskript, Bayreuth und Mannheim.

Wasem, J. (2007): Die Weiterentwicklung des Risikostrukturausgleichs ab dem Jahr 2009, in: GGW, 7. Jg. 3/2007, S. 15–22.

Wasem, J. und Buchner, F. (2019): Stellungnahme zum Regierungsentwurf des GKV-FKG: Grundrichtung stimmt, Nachbesserungsbedarf besteht, 12. Dezember 2019, Berlin. URL: https://www.bundestag.de/ausschuesse/a14/anhoerungen/18-12-19-gkv-fkg-668394.

Wille, E., Ulrich, V. und Schneider, U. (2007): Wettbewerb und Risikostrukturausgleich im internationalen Vergleich. Erfahrungen aus den USA, der Schweiz, den Niederlanden und Deutschland, Beiträge zum Gesundheitsmanagement, Band 17, Nomos, Baden-Baden.

Volker Ulrich und Eberhard Wille

Reform des Morbi-RSA nach dem Referentenentwurf zum GKV-FKG, insbesondere unter regionalen Aspekten

1. Der Risikostrukturausgleich als wettbewerbspolitisches Instrument

Seit seiner Einführung im Jahre 1994 unterlag der Risikostrukturausgleich (RSA) als „lernendes System" (Jacobs, K. 2015, S. 23) zahlreichen Änderungen. Er berücksichtigte zunächst als indirekte Morbiditätsindikatoren nur die Komponenten Alter, Geschlecht und Bezug einer Rente aufgrund von Erwerbsminderungen. Nach einigen Ergänzungen in den folgenden Jahren erfolgte mit Wirkung zum 01.01. 2009 im Rahmen des neu geschaffenen Gesundheitsfonds eine Vervollständigung des Finanzkraftausgleichs sowie die Integration des Versorgungsbedarfs von Patienten mit kostenintensiven chronischen oder schwerwiegenden Krankheiten. Trotz dieser Erweiterung um bis zu 80 Krankheiten zum „Morbi-RSA" blieb seine inhaltliche Ausgestaltung bis heute im Zentrum kontroverser Diskussionen. Insofern überrascht es nicht, dass auch die im Referentenentwurf eines Gesetzes für eine faire Kassenwahl (Faire-Kassenwahl-Gesetz-GKV-FKG) vom 25.03. 2019 vorgesehenen Reformmaßnahmen, vor allem im Bereich der gesetzlichen Krankenkassen, eine sehr unterschiedliche Bewertung erfuhren (vgl. z.B. Beerheide, R. 2019, S. A 1260). Dies gilt auch für die Frage, ob und inwieweit der Morbi-RSA unterschiedlichen regionalen Entwicklungen Rechnung tragen bzw. eine regionale Komponente beinhalten sollte.

Um die Maßnahmen des Referentenentwurf zGKV-FKG und hier insbesondere die Rolle einer regionalen Komponente im Morbi-RSA aus normativer Sicht beurteilen zu können, erscheint zunächst ein Blick auf die Ziele und Funktionen des RSA erforderlich. Wie Abbildung 1 veranschaulicht, stellt der Morbi-RSA ein Instrument zur Realisierung und Erhaltung eines zielorientierten Wettbewerbs der Krankenkassen dar. Er besitzt die Aufgabe, den konkurrierenden Krankenkassen gleiche bzw. faire Chancen bei der Gewinnung von Versicherten einzuräumen und zu verhindern, dass die Krankenkassen Anreize zur Risikoselektion erhalten. (vgl. Ulrich, V. und Wille, E. 2014, S. 3). Im Idealfall stellt er jede Krankenkasse hinsichtlich ihrer Finanzkraft in Verbindung mit der Risikostruktur ihrer Versicherten so, das sie hinsichtlich ihrer Ausgleichsfaktoren

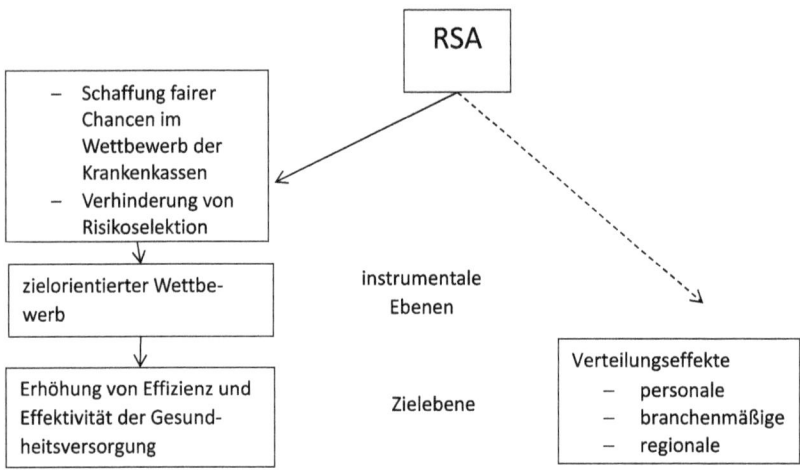

Abbildung 1: Ziele und Funktionen des Morbi-RSA
Quelle: *Wille, Ulrich und Schneider 2007, S. 31 und 2008, S. 45*

dem Durchschnitt aller mit ihr konkurrierenden Krankenkassen entspricht. Die Krankenkassen sollen nicht durch Mängel in der Konstruktion des Morbi-RSA oder durch eine erfolgreiche Risikoselektion wettbewerbliche Vorteile erlangen, sondern durch Effizienz- und Effektivitätsgewinne im Vertrags- und Versorgungsgeschäft. Sofern der Morbi-RSA diese Bedingungen erfüllt, trägt er zu einem zielorientierten Wettbewerb der Krankenkassen bei und bewirkt damit, quasi auf einer normativ höheren Ebene, mittelbar auch eine Verbesserung von Effektivität und Effizienz der Gesundheitsversorgung (vgl. Wille, E. 1999, S. 123).

2. Der steinige Weg der regionalen Komponente in den Referentenentwurf

Die Autoren erstellten für das Bayerische Staatsministerium für Gesundheit und Pflege (StMGP) in den Jahren 2014 und 2016 zwei Gutachten über die Berücksichtigung einer regionalen Komponente im Morbi-RSA, wobei das Schwergewicht der Ausführungen auf wettbewerbspolitischen Aspekten im Bereich der gesetzlichen Krankenkassen lag (vgl. Ulrich, V. und Wille, E. 2014; Ulrich V., Wille, E. und Thüsing, G. 2016; siehe auch Ulrich, V. und Wille, E. 2015 sowie Wille, E. und Ulrich, V. 2016). Auf einer Datenbasis, die knapp über 80% der bayerischen Versicherten der gesetzlichen Krankenversicherung(GKV) erfasste,

Reform des Morbi-RSA nach dem Referentenentwurf zum GKV-FKG

untersuchte die zweite Studie u.a. die regionalen Deckungsquoten in Bayern nach Landkreisen und kreisfreien Städten. Die regionale Deckungsquote ergibt sich als Saldo der regionalen Ausgaben und der regionalen Zuweisungen aus dem Gesundheitsfonds bzw. RSA. Dabei schwankten die regionalen Deckungsquoten in Bayern im Zeitraum von 2011 bis 2014 zwischen 86.9% in Schwabach bis 113,4% in Freyung-Grafenau (vgl. Ulrich, V. und Wille, E. 2016, S. 19ff.). Unterdeckungen zeigten sich insbesondere in den kreisfreien Großstädten und städtischen Kreisen, währen Überdeckungen überwiegend in den dünn besiedelten ländlichen Kreisen auftraten.

Die stark unterschiedlichen Deckungsquoten in bayerischen Landkreisen und kreisfreien Städten deuteten bereits darauf hin, dass der Morbi-RSA in seiner derzeitigen Ausgestaltung nur einen Teil der regionalen Ausgabenunterschiede zu nivellieren vermag. Die noch verbleibenden regionalen Ausgabenunterschiede bilden dann aber eine Ursache für Wettbewerbsverzerrungen zwischen:

- bundesweit und landesweit tätigen Krankenkassen,
- bundes- und landesweit aufgestellten und regional agierenden Krankenkassen,
- landesweit und regional operierenden Krankenkassen sowie
- regionalen Krankenkassen untereinander.

Zudem liegt unter diesen Bedingungen die Gefahr einer regionalen Risikoselektion seitens der konkurrierenden Krankenkassen nahe.

In der Folgezeit erschienen zu der Rolle einer regionalen Komponente im Morbi-RSA zahlreiche Beiträge, die überwiegend von Vertretern einzelner Krankenkassen stammten und in ihrer Mehrzahl eine Reform des Morbi-RSA in Verbindung mit der Einführung einer regionalen Komponente befürworteten. So hielten W. König, A. Bender und D. Wende (2016, S. 43) die Einführung einer regionalen Komponente in den Morbi-RSA „ aus ordnungspolitischen Überlegungen (für) sinnvoll und notwendig, um Ansätze zur regionalen Risikoselektion zu vermeiden und um Verzerrungen im Wettbewerb zwischen den Krankenkassen zu reduzieren" (ähnlich Binder, A. 2016, S. 11 und Knieps, F. 2017, S. .5). D. Wende und I. Weinhold (2016, S. 124) gelangten zu dem Fazit, dass Simulationen verschiedener Modelle mit einer Regionalkomponente zeigen, dass „ in der Berücksichtigung regionaler Risikofaktoren ein großes Potential besteht, die Zielgenauigkeit der Zuweisungen des Morbi-RSA bei niedrigem Umsetzungsaufwand zu erhöhen".

Was die Exogenität von regionalen Deckungsquoten betrifft, so wies der Dachverband der Betriebskrankenkassen (2017, S. 24) darauf hin, dass die Krankenkassen „die vorhandenen Versorgungsstrukturen in Zahl und Ausstattung nur bedingt zu beeinflussen vermögen". Zudem stellt der Wohnort eines Versicherten „ein für die Krankenkasse unbeeinflussbares, jedoch wettbewerblich relevantes Risikomerkmal dar" (Häckl, D. 2017b, S. 139). Vor dem Hintergrund dieser Argumente forderte nicht nur der Dachverband der Betriebskrankenkassen (BKK), sondern auch der Verband der Ersatzkassen (2016, S. 13) eine Reform bzw. eine Weiterentwicklung des Morbi-RSA und in diesem Kontext auch die Einführung einer „Regionalisierung auf Kreisebene". Schließlich wandten sich die Verbände von BKK, Ersatzkassen, Knappschaft und Innungskrankenkassen (IKK) mit Schreiben vom 18.11. 2016 an den Staatssekretär des Bundesministeriums für Gesundheit (BMG) mit dem Anliegen, im Zuge einer Evaluation den Status Quo zu analysieren und damit eine „fundierte Grundlage für die erforderlichen Änderungen am morbiditätsorientierten Risikostrukturausgleich zu schaffen".

Es gab allerding auch Vertreter von Krankenkassen und andere Autoren, die zwar Vorschläge für eine systematische Weiterentwicklung des RSA unterbreiteten, aber keinen „Anknüpfungspunkt für eine Regionalisierung des RSA" sahen (AOK-Gemeinschaft 2016, S. 15, siehe auch Jacobs, K. 2015a und 2015 b). Statt regionale Ausgabenunterschiede bei den Zuweisungen aus dem Gesundheitsfonds über einen Regionalfaktor auszugleichen, plädierte K. Jacobs (2017, S. 49) dafür, das Wettbewerbsproblem mit Hilfe regional differenzierter (Zusatz-) Beiträge zu lösen. Hinsichtlich der Stellungnahmen zahlreicher Krankenkassen zu den Schwachstellen des Morbi-RSA und entsprechenden Reformbestrebungen erteilte der Präsident des Bundesversicherungsamtes „Forderungen nach übereilten Reformen des Risikostrukturausgleichs eine klare Absage" (Bundesversicherungsamt 2016). Im Hinblick auf den Ausgleich der regionalen Kostenunterschiede riet er, „die Erwartungen an die Auswirkungen einer solchen Anpassung auf die Zielgenauigkeit des RSA nicht zu hoch" zu stecken (Plate, F. und Demme, S. 2016, S. 173).

Bis zum Erscheinen des Gutachtens zu den regionalen Verteilungswirkungen des Morbi-RSA durch den Wissenschaftlichen Beirat zur Weiterentwicklung des Risikostrukturausgleichs beim Bundesversicherungsamt (siehe Drösler, S. et al. 2018) fand die Diskussion um eine regionale Komponente weitgehend „in einem ordnungspolitischen Rahmen statt" (Häckl, D. et al. 2017a, S. 56). Die fehlende regionale Kennzeichnung in den Datenlieferungen an das Bundesversicherungsamt (BVA) erschwerte eine fundierte empirische Analyse. So musste sich auch der Wissenschaftliche Beirat beim BVA in seinem vorangegangenen ausführlichen Sondergutachten mit einer qualitativen Beurteilung der „ordnungspolitischen Implikationen regionaler Ausgabenunterschiede" begnügen (Drösler, S. et al. 2017, S. 462ff.). Im Mittelpunkt seiner Ausführungen standen im Falle starker regionaler Ausgabenunterschiede als Reformoptionen die „Einführung einer Regionalkomponente im Morbi-RSA" und „regional differenzierte Zusatzbeiträge" (ebenda, S. 464 und 467).

Die Beurteilung der Reformvorschläge, die der Wissenschaftliche Beirat beim BVA in seinen beiden Gutachten präsentierte, erfolgte vor allem bei der regionalen Komponente weitgehend analog den im Bereich der Krankenkassen schon zuvor geäußerten Einschätzungen. Mehrere Autoren sehen in den Gutachten beim Morbi-RSA „dringenden Handlungsbedarf" bestätigt und befürworten speziell die Einführung einer regionalen Komponente auf Kreisebene (Baumann, M. 2018, S. 17). Sie sehen in dem aktuellen RSA-Verfahren ein „relevantes Problem" und deshalb „dringend Reformbedarf" (Binder, A. 2018, S. 219). Dagegen hält K. Jacobs 2018b, S. 31) zwar die Expertise in dem Sondergutachten zum RSA für überzeugend. sieht aber in dem Gutachten zu den regionalen Verteilungswirkungen „zweifelhafte Ergänzungsvorschläge". Insgesamt gesehen laufen die Voten der verschiedenen Krankenkassen(-arten) und ihrer Vertreter bis zur Einführung der regionalen Komponente in den Referentenentwurf zum GKV-FKG darauf hinaus, dass die AOKen eine Regionalisierung ablehnen, während alle anderen Kassenarten sich mehr oder weniger dafür aussprechen (vgl. auch Hohnl, J. und Kampf, I. 2018, S. 306).

3. Die regionale Komponente im Referentenentwurf vor dem Hintergrund der Gutachten des Wissenschaftliches Beirats beim BVA

3.1 Die regionale Komponente als Teil eines Reformpaketes

Der Referentenentwurf zum GKV-FKG stellt die Einführung einer regionalen Komponente nicht als ein isoliertes Vorhaben, sondern als Teil eines umfangreichen Reformpaketes zum Morbi-RSA vor. Neben der Einführung einer regionalen Komponente umfasst der Referentenentwurf im Hinblick auf den Morbi-RSA noch folgende Reformmaßnahmen:

- Übergang zu einem Krankheits-Vollmodell,
- Einführung von Altersindikationstermen,
- Streichung der Erwerbsminderungsgruppen,
- Streichung der DMP-Programmpauschale,
- Versichertenindividuelle Berücksichtigung von Arzneimittelrabatten,
- Einführung eines Risikopools,
- Maßnahmen zur Stärkung der Manipulationsresistenz
- Maßnahmen bei Krankengeld und Auslandsversicherten.

Verglichen mit einer einzelnen Maßnahme besitzt ein solches Reformpaket sowohl in inhaltlicher und systematischer Hinsicht als auch unter gesundheitspolitischen Aspekten komparative Vorzüge. Ein Reformpaket vermag zum einen den Interdependenzen zwischen den einzelnen Vorhaben besser Rechnung zu tragen und zum anderen zumindest in Grenzen einen Interessenausgleich zwischen den einzelnen Krankenkassen herzustellen. So befürworten z.b. Krankenkassenarten, die eine regionale Komponente ablehnen, ein Vollmodell mit der Berücksichtigung aller Krankheiten (vgl. AOK-Gemeinschaft 2016, S. 11f.). Andererseits sehen die meisten Befürworter einer regionalen Komponente ein Vollmodell unter Hinweis auf die nach ihrer Ansicht damit verbundenen Manipulationsgefahren kritisch (vgl. u.a. RSA Allianz 2019, S. 8). Hinsichtlich der Reformvorschläge zum Morbi-RSA, die weitgehend die Vorschläge des Wissenschaftliches Beirats beim BVA aufgreifen, kann man „ durchaus von einem gelungenen Gesamtpaket sprechen"(Macherey, K. und Visarius, J. 2019, S. 10).

Der Referentenentwurf zum GKV-FKG beschränkt seine Reformvorhaben aber nicht auf den Morbi-RSA, sondern enthält auch zahlreiche Vorhaben, die sein Umfeld und damit teilweise auch seine Rahmenordnung betreffen. Dabei handelt es sich vornehmlich um

- diverse Maßnahmen gegen Manipulationen der für den Morbi-RSA relevanten Diagnosen,
- Stärkung von Präventionsanreizen durch den Morbi-RSA,
- Einführung einer regelmäßigen Evaluation durch den Wissenschaftlichen Beirat beim BVA,
- verpflichtende bundesweite Öffnung aller Krankenkassen sowie
- eine Reform des Haftungssystems.

Unabhängig davon, wie man diese Vorhaben im Sinne einer effektiven und effizienten Gesundheitsversorgung und unter gesundheitspolitischen Aspekten beurteilt, führte ihre Platzierung im Referentenentwurf zum GKV-FKG dazu, dass die eigentliche Reform des Morbi-RSA inzwischen weitgehend aus dem Blickfeld geriet. In den Medien „liest und hört man kaum etwas von der Reform des Morbi-RSA" (Macherey, K. und Visarius, J. 2019, S. 10). Zudem entzündete sich die Kritik am Referentenentwurf vornehmlich an diesen Vorschlägen und weniger an den speziellen Reformen des Morbi-RSA (vgl. Lamm, D. 2019). So lehnten alle Bundesländer eine verpflichtende bundesweite Öffnung aller Krankenkassen ab. Maßgeblich infolge der Kombination dieser beiden „Reformpakete" geriet die Reform des Morbi-RSA ins Stocken. Es steht zu erwarten, dass sich die wettbewerbspolitisch erforderliche Reform des Morbi-RSA ohne eine

Trennung bzw. Verabschiedung von einigen dieser Vorhaben politisch nicht realisieren lässt.

3.2 Gründe für die regionale Komponente und ihre Berücksichtigung im Referentenentwurf

Die Leistungsausgaben der gesetzlichen Krankenkassen weisen in regionaler Hinsicht eine hohe Varianz auf. Der derzeitige Morbi-RSA bewirkt über seine Komponenten Alter, Geschlecht, Bezug von Erwerbsminderungsrente und direkter Morbidität bereits eine implizite Regionalisierung der Zuweisungen. Diese bisherigen RSA-Komponenten erklären zusammen aber nur ca. 60% der Ausgabenvarianz (vgl. Drösler, S. et al. 2018, S. 78). Die noch verbleibenden regionalen Unterschiede in den standardisierten Leistungsausgaben verursachen tendenziell Unterdeckungen in zentral gelegenen, dicht besiedelten Regionen und Überdeckungen in ländlichen Gebieten (siehe ebenda, S. 105). Das Ausmaß der noch verbleibenden Über- und Unterdeckungen hielt der Wissenschaftliche Beirat beim BVA sowohl unter dem Aspekt eines fairen Wettbewerbs der Krankenkassen als auch hinsichtlich der noch bestehenden Anreize zur Risikosektion für problematisch und mahnte Maßnahmen zur Senkung der regionalen Deckungsunterschiede an (vgl. Drösler, S. et al. 2018, S. 99).

Der Referentenentwurf zum GKV-FKG trägt dieser Forderung insofern Rechnung, als er in § 266 Abs. 2 SGB V die regionale Komponente als Risikofaktor in den Morbi-RSA aufnimmt. „Die Zuordnung der Risikogruppen erfolgt anhand der Risikomerkmale Alter, Geschlecht, Morbidität (und) regionalen Merkmalen". Nach § 2 Abs. 1 der Risikostruktur-Ausgleichsverordnung geht es dabei um regionale Merkmale, „ die insbesondere die regionale Morbiditäts- und Mortalitätsstruktur., die Preisstruktur medizinischer Leistungen, die demographische Struktur, die Sozialstruktur, die Markt- und Wirtschaftsstruktur oder die Siedlungsstruktur am Wohnort des Versicherten abbilden". Für die Erweiterung um eine regionale Komponente möchte der Referentenentwurf „statistisch signifikante regionale Variable" in den Morbi-RSA einbeziehen (S. 47).

In dem Gutachten des Wissenschaftlichen Beirats beim BVA misst die zu erklärende Variable jeweils den Deckungsbeitrag je Versichertenjahr in den im Durchschnitt 401 Kreisen. Die analysierten 40 erklärenden Variablen stammen aus folgenden (Variablen-) Gruppen (siehe Drösler, S. et al. 2018, S. 129f.):

- Normkosten: Zuweisungen
- Morbidität und Mortalität;: z.B. Pflegebedürftige, ambulante und stationäre Pflege, Lebenserwartung, Sterbekosten
- Demographie: z.B. Ausländeranteil, Haushaltsgröße, Gesamtwanderungssaldo

- Angebot: z.B. Hauarzt- und Facharztdichte, Krankenhausbettenzahl
- Sozialstruktur: z.B. arbeitslose Frauen, Langzeitarbeitslose, Alleinerziehende
- Markt- und Wirtschaftsstruktur: z.B. GKV- Marktanteil, Erwerbsquote, personenbezogene Dienstleistungen
- Siedlungsstruktur: Siedlungs- und Verkehrsfläche.

Bei der Auswahl dieser erklärenden Variablen bilden die statistische Relevanz, der Wirkungserklärungsgehalt und die normative Bewertung die zentralen Auswahlkriterien. Im Sinne der statistischen Relevanz wird geprüft, wie diese erklärenden Variablen bzw. Bestimmungsfaktoren mit den regionalen Deckungsbeiträgen korrelieren. Es gilt, in einer multiplen Regression die Variablen mit der höchsten statistischen Signifikanz bzw. der niedrigsten Irrtumswahrscheinlichkeit zu bestimmen. Der Wirkungserklärungsgehalt soll anzeigen, ob und inwieweit sich der geschätzte statistische Zusammenhang inhaltlich plausibel begründen lässt. Bei der normativen Bewertung geht es um die Frage, ob der Morbi-RSA diese statistisch signifikanten Bestimmungsfaktoren unter medizinischen und ökonomischen Aspekten ausgleichen soll. In diesem Kontext spielen z. B. angebotsorientierte Variable und solche, die sich nicht als individuelle Risikomerkmale ausgestalten lassen, bei der normativen Bewertung eine Rolle.

Tabelle 1 enthält die nach den obigen Kriterien ausgewählten zehn Variablen bzw. Bestimmungsfaktoren der regionalen Deckungsbeiträge. Sie zeichnen für den Großteil der Gesamtvarianz der Deckungsbeiträge verantwortlich, so dass die Berücksichtigung weiterer erklärender Variabler nur noch einen geringen Erklärungsgehalt bieten würde. Tabelle 1 zeigt, dass der Wissenschaftliche

Tabelle 1: Zentrale Bestimmungsfaktoren der regionalen Deckungsbeiträge

M1	M2
• Sterbekosten	• Sterbekosten
• Zuweisungen	• Zuweisungen
• Ambulante Pflege	• Ambulante Pflege
• Sterberate	• Sterberate
• Facharztdichte	• Facharztdichte
• Pflegebedürftige	• Pflegebedürftige
• Hausarztdichte	• Hausarztdichte
• Gesamtwanderungssaldo	• Gesamtwanderungssaldo
• Personenbezogene Dienstl.	• Personenbezogene Dienstl.
• Stationäre Pflege	• Stationäre Pflege

Quelle: Drösler, S. et al. 2018, Seite 165

Beirat beim BVA hier zwei Variablensets zur Auswahl stellt. Während M1 zehn Bestimmungsfaktoren enthält, reduziert M2 diese auf 7. Es fehlen hier die Facharzt- und Hausarztdichte sowie der Gesamtwanderungssaldo. Die Unterschiede zwischen diesen beiden Variablensets M1 und M2 gehen auf eine divergierende normative Bewertung der drei in M2 nicht mehr enthaltenen Bestimmungsfaktoren zurück.

Ein Argument für M2 besteht darin, dass es sich bei den Bestimmungsfaktoren Facharzt- und Hausarztdichte sowie Gesamtwanderungssaldo um Variablen handelt, die im Unterschied zu den übrigen 7 keine Ausgestaltung als Individualvariable aufweisen. Sodann wird gegen die Berücksichtigung der Angebotsvariablen Facharzt- und Hausarztdichte häufig eingewandt, dass sie als Ausgleichskomponenten im Morbi-RSA eine ineffiziente Überversorgung in Ballungsgebieten begünstigen bzw. zementieren. Andererseits besitzt M1 aufgrund der höheren Anzahl an Bestimmungsfaktoren einen höheren regionalen Erklärungsgehalt als M2 (vgl. Drösler, S. et al. 2018, S. 165). Eine Auffüllung von M2 mit den 3 nächsten signifikanten erklärenden Variablen würde seinen regionalen Erklärungsgehalt nur geringfügig verbessern. Die Unterschiede zwischen M1 und M2 besitzen allerdings nur vergleichsweise geringe Auswirkungen auf die Deckungsbeiträge in den regionalen Versichertengruppen (ebenda, S. 217ff.).

Der Referentenentwurf zum GKV-FKG spricht sich in seiner Begründung offensichtlich für die Reformversion M2 aus. „Angebotsorientierte Faktoren (wie Arztdichte, Krankenhausbettenzahl) werden nicht in den Ausgleich einbezogen, um Fehlanreize im Hinblick auf Über- und Unterversorgung zu vermeiden" (S. 47). Diese Entscheidung passt insofern nicht zur Spezifikation der regionalen Merkmale in § 2 Abs. 1 der Risikostruktur-Ausgleichsverordnung, als diese hier explizit u.a. auf „ die Preisstruktur medizinischer Leistungen, die demographische Struktur ... die Markt- und Wirtschaftsstruktur sowie die Siedlungsstruktur am Wohnort des Versicherten" verweist.

Die Entscheidung für M2 erscheint vor allem unter Wettbewerbsaspekten problematisch, denn die angebotsorientierten Faktoren, wie Facharzt- und Hausarztdichte sowie Krankenhausbettenzahl stellen für die einzelnen konkurrierenden Krankenkassen weitgehen exogene Faktoren dar, die sie kaum zu beeinflussen vermögen. Der Morbi-RSA besitzt, wie Abbildung 1 (oben unter 1.) veranschaulicht, eine wettbewerbspolitische Funktion, einen Beitrag zur Vermeidung oder zum Abbau von Über- und Unterversorgung vermag er schon konzeptionell nicht zu leisten. Diese Aufgabe müssen andere Instrumente, wie z.B. die ambulante und stationäre Bedarfsplanung, übernehmen. Statt den

Morbi-RSA funktional zu überfrachten, sollte man ihn konsequent auf seine wettbewerbspolitische Funktion ausrichten.

4. Weiterer Handlungsbedarf

Das vom Wissenschaftlichen Beirat beim BVA vorgeschlagene Direktmodell vermag in der Version M1 74,7 % und in der Version M2 71,3% der Ausgabenvariation zu erklären (vgl. Drösler, S. et al. 2018, S. 222). Dies bedeutet eine spürbare Verbesserung gegenüber dem Status quo in 2018 mit 58,6%. Die Integration regionalstatistischer Merkmale in den Morbi-RSA kann somit die regionalen Über- und Unterdeckungen deutlich abbauen. Der Befund, dass sich die Unterschiede zwischen M1 und M2 nur mit geringen Effekten in den Deckungsbeiträge der regionalen Versicherungsgruppen niederschlagen, deutet darauf hin, dass die angebotsseitigen Bestimmungsfaktoren Facharzt- und Hausarztdichte eine sehr begrenzte zusätzliche Erklärungskraft besitzen. Insofern spricht dieser Befund eher für M1 als für M2. Allerdings bedarf die Auswahl der relevanten Bestimmungsfaktoren in regelmäßigen Abständen einer Überprüfung.

Nach Umsetzung des Direktmodells M1 oder M2 verbleiben allerdings noch mindestens 25% der Ausgabenvariation unerklärt. Von den damit verbleibenden regionalen Über- und Unterdeckungen drohen weiterhin, wenn auch gegenüber dem Status Quo spürbar abgeschwächt, Wettbewerbsverzerrungen zwischen den Krankenkassen und Anreize zur Risikoselektion auszugehen. Als alternative zusätzliche Optionen zum Abbau der verbleibenden regionalen Deckungsunterschiede bieten sich hier, wie bereits oben unter 2. angedeutet, eine Ergänzung des Morbi-RSA um empirisch aussagekräftige regionalstatistische Merkmale, d.h. Erweiterungen im System der regionalen Komponente, regionale Zusatzbeitragssätze der konkurrierenden Krankenkassen oder eine Kombination dieser beiden Maßnahmen an. Der Wissenschaftliche Beirat beim BVA empfahl daher, das Direktmodell mit seinen 10 bzw. 7 Bestimmungsfaktoren kurzfristig bzw. unmittelbar umzusetzen und die Erweiterung um eine der drei o.a. Optionen mittelfristig anzugehen.

Zwischen den beiden mittelfristig geplanten Optionen, d.h. einer Erweiterung des regionalen Ausgleichs im Morbi-RSA und regionalen Zusatzbeitragssätzen, bestehen im Hinblick auf ihre Umsetzbarkeit allerdings relevante Unterschiede. Die Erweiterung um einen zusätzlichen regionalen Ausgleich, den z: B. auch die RSA- Allianz (2019, S. 9) fordert, ließe sich im Rahmen des Morbi-RSA vergleichsweise zügig umsetzen. Dagegen knüpfen regionale Zusatzbeitragssätze an der Einnahmenseite der Krankenkassen an und stellen hier für diese eine Möglichkeit dar, sich regionale Fehldeckungen von ihren Mitgliedern finanzieren zu lassen. Die Einführung regionaler Zusatzbeitragssätze würde auf einen Paradigmenwechsel im Beitragssystem der GKV hinauslaufen, der erhebliche konzeptionelle und zeitaufwendige Vorarbeiten erfordert.

Die Einführung regionaler Zusatzbeitragssätze sieht sich vor allem mit folgenden Problemen konfrontiert:

- die erforderliche Bestimmung der Beitragssatzgebiete, entweder durch die jeweilige Krankenkasse oder das BVA,
- die Entscheidung für eine obligatorische oder optionale Erhebung von Zusatzbeiträgen,
- die Gefahr der Quersubventionierung in Verbindung mit dem Einsatz der
- Finanzreserven (siehe auch Fleischmann, A. und Blaschka, M. 2019),
- die Ausgestaltung des Einkommensausgleichs sowie
- der administrative Aufwand für Krankenkassen und BVA.

5. Fazit und Ausblick

Für die Beurteilung der Berechtigung einer regionalen Komponente im Morbi-RSA bildet ein Blick auf die Funktionen dieses gesundheitspolitischen Instrumentes eine unter normativen Aspekten notwendige Voraussetzung. Der Morbi-RSA besitzt eine wettbewerbspolitische Funktion und zielt darauf ab, den konkurrierenden Krankenkassen faire bzw. gleiche Wettbewerbschancen einzuräumen und einer Risikoselektion vorzubeugen bzw. diese zu vermeiden. Die Krankenkassen sollen durch Effizienz- und Effektivitätsgewinne im Vertrags- und Versorgungsgeschäft wettbewerbliche Vorteile erlangen und nicht durch Mängel in der Ausgestaltung des Morbi-RSA oder durch eine erfolgreiche Risikoselektion.

Die Berechtigung einer Berücksichtigung regionaler Merkmale im Morbi-RSA steht bereits seit mehreren Jahren insbesondere bei den konkurrierenden Krankenkassen im Mittelpunkt zahlreicher Kontroversen. Einige empirische Studien, z.B. bei Versicherten in Bayern, zeigten, dass der derzeitige Morbi-RSA nur einen Teil der regionalen Ausgabenunterschiede auszugleichen vermag, so dass negative Deckungsquoten insbesondere in Großstädten und Ballungsräumen auftraten, während dünn besiedelte Gebiete Überdeckungen aufwiesen. Diese unterschiedlichen Deckungsquoten drohen den Wettbewerb zwischen bundes- und landesweit tätigen Krankenkassen sowie regional operierenden zu verzerren und Risikoselektion zu begünstigen.

Schon vor den beiden Gutachten des Wissenschaftlichen Beirats beim BVA und dem Referentenentwurf zum GKV-FKG verwiesen die Befürworter der

Einführung einer regionalen Komponente im Morbi-RSA vor allem auf die Exogenität der regionalen Deckungsquoten. Die einzelnen Krankenkassen verfügen kaum über hinreichende Instrumente, um die medizinische Infrastruktur, d.h. das Angebot im ambulanten und stationären Sektor, (mit-)gestalten zu können. Ein alternativer Vorschlag zur Lösung der wettbewerblichen Probleme, welche die unterschiedlichen regionalen Deckungsquoten verursachen, besteht in regional differenzierten Zusatzbeiträgen der einzelnen Krankenkassen. Der Wissenschaftliche Beirat beim BVA griff beide Konzepte auf, wobei er kurzfristig die Berücksichtigung regionaler Merkmale im Morbi-RSA vorschlug und mittelfristig zum Abbau der noch verbleibenden regionalen Deckungsunterschiede auch regionale Zusatzbeiträge zur Diskussion stellte. Bei den zu berücksichtigenden regionalen Merkmalen stellte er zwei alternative Konzepte zur Auswahl. Das eine Variablenset M1 besteht aus 10 zentralen Bestimmungsfaktoren der regionalen Deckungsquoten, das andere M2 aus 7, d.h. hier vermindert um die angebotsorientierten Variablen Facharzt- und Hausarztdichte sowie den Gesamtwanderungssaldo.

Der Referentenentwurf knüpft an den Vorschlägen des Wissenschaftlichen Beirats beim BVA an und bettet in Form eines Direktmodells die Berücksichtigung regionaler Merkmale in ein umfassenderes Reformpaket ein. Dieses Procedere besitzt den Vorzug, die Interdependenzen zwischen den einzelnen geplanten Maßnahmen besser berücksichtigen zu können und auch zwischen den Krankenkassen für einen gewissen Interessenausgleich zu sorgen. Hinsichtlich der zentralen Bestimmungsfaktoren der regionalen Deckungsbeiträge zieht er, um Über- und Unterversorgung zu vermeiden, die Version M2 vor, d.h. ohne angebotsorientierte erklärende Variable. Der Referentenentwurf sieht neben den einzelnen Reformen zum Morbi-RSA auch zahlreiche Maßnahmen vor, die sich auf seinen ordnungspolitischen Rahmen beziehen., wie z.B. die verpflichtende bundesweite Öffnung aller Krankenkassen und eine Reform des Haftungssystems. Unabhängig von einer normativen Beurteilung dieser Maßnahmen führte ihre Integration in den Gesetzentwurf dazu, dass sie in der gesundheitspolitischen Diskussion den Inhalt des eigentlichen Reformpaketes zum Morbi-RSA überlagerten, so dass die gesamte Reform derzeit fast zum Stillstand kam. Aus dieser Perspektive erscheint eine Trennung dieser Maßnahmen von dem zentralen Reformpaket erforderlich.

Die Wahl von M2 im Referentenentwurf widerspricht zum einen der Spezifikation der regionalen Merkmale in der Risikostruktur- Ausgleichsverordnung und lässt sich auch unter Wettbewerbsaspekten nicht begründen. Für die konkurrierenden Krankenkassen stellen auch die angebotsorientierten erklärenden Variablen wie Facharzt- und Hausarztdichte sowie Krankenhausbettenzahl hinsichtlich der regionalen Deckungsbeiträge exogene Bestimmungsfaktoren dar, die sich dem Einflussbereich einzelner Krankenkassen und sogar Krankenkassenarten weitgehend entziehen. Der Morbi-RSA besitzt eine wettbewerbspolitische Funktion und die Übertragung von Aufgaben wie die Vermeidung oder den Abbau von Über- und Unterversorgung bedeutet eine Überfrachtung dieses Instrumentes. Zur Lösung dieser Aufgaben erscheinen andere Instrumente, wie z.b. die ambulante und stationäre Bedarfsplanung, weit besser geeignet. Zudem vermag M1 mit 74,7% einen höheren Anteil der Ausgabenvariation als M2 mit 71,3% zu erklären.

Die nach Einführung eines Direktmodells in der Variation M1 oder M2 noch verbleibende unerklärte Ausgabenvariation von über 25% kann, wenn auch zum Status quo deutlich abgeschwächt, weiterhin Wettbewerbsverzerrungen zwischen den Krankenkassen verursachen und Anreize zur Risikoselektion bieten. In einem weiteren Reformschritt kommen als alternative Optionen zum Abbau der noch verbleibenden regionalen Deckungsunterschiede vornehmlich eine Erweiterung im System der regionalen Komponente bzw. Merkmale, regionale Zusatzbeitragssätze der konkurrierenden Krankenkassen oder eine Kombination dieser beiden Konzepte in Frage. Bei einer Wahl zwischen diesen Alternativen gilt es allerding zu beachten, dass sich eine Erweiterung um einen zusätzlichen regionalen Ausgleich im Rahmen des Morbi-RSA vergleichsweise wesentlich leichter umsetzen lässt. Im Unterschied dazu sieht sich die Einführung regionaler Zusatzbeitragssätze mit zahlreichen konzeptionellen Problemen und aufwendigen Vorarbeiten konfrontiert, so dass die Einführung dieses Konzeptes auf einen Paradigmenwechsel in der Beitragsgestaltung der GKV hinausliefe.

Literatur

AOK-Gemeinschaft (2016): Vorschläge für eine systematische Weiterentwicklung des Risikostrukturausgleiches, Berlin, Oktober 2016.

Baumann, M. (2018): Gutachten bestätigt dringenden Handlungsbedarf, in: Ersatzkasse Magazin, 98.Jg., 7./8. 2018, S. 17–20.

Beerheide, R. (2019): Streit über die Deutungshoheit, in: Deutsches Ärzteblatt, 116. Jg., Heft 26, S. A 1260-A 1261.

Binder, A. (2016): Die Gretchenfrage der aktuellen Diskussion um den RSA. NUN SAG, WIE HAST DU'S MIT DER RELIGION, in: Betriebskrankenkassen O3/ 2016, S. 6 - 13.

Binder, A. (2018): RSA-Gutachten und kein Ende? Nein, jetzt handeln, in Betriebskrankenkassen 05/2018, S. 14– 21.

Bundesversicherungsamt-BVA (2016): Präsident des Bundesversicherungsamtes erteilt Forderungen nach übereilten Reformen des Risikostrukturausgleichs eine klare Absage, Bonn, 08. 03. 2016.

Dachverband der Betriebskrankenkassen (2017): Fairer Finanzausgleich. Mechanik Morbi-RSA. Einfach, Transparent, Manipulationssicher, Berlin, 1. September 2017.

Drösler, S., Garbe, E., Hasford, J., Schubert, I, Ulrich, V. van de Ven, W., Wambach, A., Wasem, J. und Wille, E. (2017): Sondergutachten zu den Wirkungen des morbiditätsorientierten Risikostrukturausgleichs erstellt durch den Wissenschaftlichen Beirat zur Weiterentwicklung des Risikostrukturausgleichs im Auftrag des Bundesministeriums für Gesundheit, Bonn, November 2017.

Drösler, S., Garbe, E., Hasford, J., Schubert, I., Ulrich, V., van de Ven, W., Wambach, A., Wasem. J. und Wille, E. (2018): Gutachten zu den regionalen Verteilungswirkungen des morbiditätsorientierten Risikostrukturausgleichs erstellt durch den Wissenschaftlichen Beirat zur Weiterentwicklung des Risikostrukturausgleichs beim Bundesversicherungsamt im Auftrag des Bundesministeriums für Gesundheit, Bonn, 28.Juni 2018.

Fleischmann, A. und Blaschka, M. (2019): Regionalkomponente und Reservenabbau. Prognostizierte Auswirkungen auf den Krankenkassenwettbewerb. Eine Analyse, in: Beiträge zur Gesellschaftspolitik, 2–19 vom 28.02. 2019.

Häckl, D., Kossack, N., Schindler, C, Weinhold, I. und Wende, D. (2017a): Weiterentwicklung der Morbiditätsparameter im Morbi-RSA, Leipzig, Mai 2017.

Häckl, D., Kossack, N., Weinhold, I., Schindler, C. und Wende, D. (2017b): Sieben Ansatzpunkte zur Weiterentwicklung des Morbi-RSA, in: Krankenversicherung 6. Jg., Ausgabe 6, S. 136– 139.

Hohnl, J. und Kampf, I. (2018): Perspektiven des Morbi-RSA im Spannungsfeld von Zielgenauigkeit und Fehlsteuerung, in: Welt der Krankenversicherung, 7. Jg., Ausgabe 12/ 2018, S. 305– 308.

Jacobs, K. (2015a): Bayern lässt nicht locker- Zur Einführung eines Regionalfaktors im Risikostrukturausgleich, in: Gesundheit und Gesellschaft,!5. Jg., Heft 2, S. 23–30.

Jacobs, K. (2015b): Aktuelle RSA-Debatte: Mehr Ordnung täte gut, in: Gesundheit und Gesellschaft, 15. JG., Heft 4, S. 23–30.

Jacobs, K. (2017): Risikostrukturausgleich: Konzentration auf die Kernfunktion im Wettbewerb der Krankenkassen, in: Recht und Politik im Gesundheitswesen, 23. Band, Heft 2, S. 43–50.

Jacobs, K. (2018): Votum für die Zukunft, in: Gesundheit und Gesellschaft, 21.Jg., Ausgabe 10/18, S. 28–31.

Knieps, F. (2017): Der Risikostrukturausgleich- Voraussetzung oder Hemmnis im Wettbewerb der Krankenkassen?, in: IMPLICONplus, 01/2017.

König, W., Binder, A. und Wende, D. (2016): Weiterentwicklung des RSA um eine Regionalkomponente, in: Gesundheits- und Sozialpolitik, 70.Jg., 4–5/2016, S. 35– 44.

Lamm, D. (2019): Faire-Kassenwahl-Gesetz- eine Mogelpackung, in: AOK Forum aktuell, Jahrgang 2019, S. 6– 11.

Macherey, K. und Visarius, J. (2019): Die Reform des Morbi-RSA mit dem GKV-FKG. Ein gutes Gesamtpaket, in: Betriebskrankenkassen 03/2019, S. 6– 11.

Plate, F. und Demme, S. (2016): Reformoptionen zum Risikostrukturausgleich- Kühler Kopf und klarer Blick gefragt!, in: Welt der Krankenversicherung, 5. Jg. Ausgabe 7–8/ 2016, S. 172–175.

RSA Allianz (2019): Stellungnahme der RSA Allianz vom 18.04. 2019 zum Referentenentwurf eines Gesetzes für eine faire Kassenwahl in der gesetzlichen Krankenversicherung (Faire-Kassenwahl-Gesetz- GKV.FKG). Bei der RSA Allianz handelt es sich um einen Zusammenschluss von 12 Krankenkassen aus dem Bereich der Betriebs-, Ersatz- und Innungskrankenkassen.

Ulrich, V. und Wille, E. (2014): Zur Berücksichtigung einer regionalen Komponente im morbiditätsorientierten Risikostrukturausgleich (Morbi-RSA). Endbericht für das Bayerische Staatsministerium für Gesundheit und Pflege (StMGP), Bayreuth und Mannheim, im September 2014.

Ulrich, V. und Wille, E. (2015): Zur Berechtigung einer regionalen Komponente im RSA. Regionale Ausgabenunterschiede als exogener Faktor, in: Welt der Krankenversicherung, 4. Jg., Ausgabe 7–8, S. 173–175.

Ulrich, V., Wille, E. und Thüsing, G. (2016): Die Notwendigkeit einer regionalen Komponente im morbiditätsorientierten Risikostrukturausgleich unter wettbewerblichen und regionalen Aspekten. Gutachten für das Bayerische Staatsministerium für Gesundheit und Pflege (StMGP), Bayreuth, Mannheim und Bonn, im Juni 2016.

Verband der Ersatzkassen (2016): „Faire Wettbewerbsbedingungen schaffen". Vorschläge der Ersatzkassen für eine Weiterentwicklung des Morbi-RSA, in: Dienst für Gesellschaftspolitik vom 28. Juli 2016, S. 6– 15.

Wende, D. und Weinhold, I. (2016): Einführung einer Regionalkomponente im Risikostrukturausgleich (2016): In: Repschläger, U., Schulte, C. und Osterkamp, N. (Hrsg.): Gesundheitswesen Aktuell 2016, S. 110– 127.

Wille, E. (1999): Auswirkungen des Wettbewerbs auf die gesetzliche Krankenversicherung, in: Wille, E. (Hrsg.): Zur Rolle des Wettbewerbs in der gesetzlichen Krankenversicherung. Gesundheitsversorgung zwischen staatlicher Administration, korporativer Koordination und marktwirtschaftlicher Steuerung, Baden-Baden, S. 95– 166.

Wille, E. Ulrich, V. und Schneider, U. (2007): Die Weiterentwicklung des Krankenversicherungsmarktes: Wettbewerb und Risikostrukturausgleich, in. Wille, E., Ulrich, V. und Schneider, U. (Hrsg.): Wettbewerb und Risikostrukturausgleich im internationalen Vergleich, Baden-Baden, S. 5–67.

Wille, E. und Ulrich, V. (2016): Der RSA in der deutschen Regionalisierungsdebatte, in. Gesundheits-- und Sozialpolitik, 70.Jg., 4–5/2016, S. 28– 34.

Leonie Sundmacher et al.[1]

Gutachten zur Weiterentwicklung der Bedarfsplanung

1. Hintergrund

Die Sicherstellung eines bedarfsgerechten und wohnortnahen Zugangs zu einer effektiven und wirtschaftlichen Versorgung ist ein wesentliches Ziel im deutschen Gesundheitswesen. Daraus folgt die Aufgabe der ambulanten ärztlichen Bedarfsplanung, eine angemessene Kapazität und regionale Verteilung der benötigten Ärzte zu bestimmen. Zur Weiterentwicklung der Bedarfsplanung hat der Gemeinsame Bundesausschuss (G-BA) im Jahr 2018 ein fachübergreifendes wissenschaftliches Gutachten in Auftrag gegeben. Die Gutachter des Konsortiums schlagen darin einen neuen Rahmen der Planung vor, der die wissenschaftlich begründete Ermittlung des Versorgungsbedarfs und dessen regionale Ausweisung in Arztkapazitäten in einem Konzept vereint. Durch die Bedarfsplanung an sich wird noch nicht gewährleistet, dass Ärzte die benötigten Leistungen auch dort anbieten, wo sie gebraucht werden. Die Ermittlung und räumliche Ausweisung des Versorgungsbedarfs ist jedoch ein notwendiger erster Schritt, um auf dieser Basis eine bedarfsgerechte und wirtschaftliche Steuerung der Versorgung zu ermöglichen. Im vorliegenden Beitrag sind Empfehlungen des Gutachtens zusammengefasst. Insbesondere wird die Neuberechnung der Verhältniszahlen unter Berücksichtigung von Mitversorgungseffekten beschrieben (Sundmacher et al., 2018).

1.1 Gesetzliche Rahmenbedingungen für die Feststellung des Versorgungsbedarfs

Die im Jahr 1977 eingeführte Bedarfsplanung wurde in den 1990er Jahren mit dem Ziel der Begrenzung der Zahl der Ärzte weiterentwickelt und setzte nicht an der Planung des Bedarfs an Leistungen an. Angesichts veränderter Rahmenbedingungen durch den demografischen Wandel und die Binnenmigration, insbesondere zwischen ländlichen und städtischen Räumen, hat der Gesetzgeber mit dem GKV-Versorgungsstrukturgesetz (GKV-VStG) und

---

1 Schang, L., Schüttig, W., Flemming, R., Frank-Tewaag, J., Geiger, I., Franke, S., Weinhold, I., Wende, D., Brechtel, T.

dem GKV-Versorgungsstärkungsgesetz (GKV-VSG) reagiert, um eine Weiterentwicklung der Bedarfsplanung zu ermöglichen. Der infolge des GKV-VStG eingeführte Demografiefaktor unterstützt die notwendige Weiterentwicklung der Verhältniszahlen von einer angebotsbasierten Kennziffer hin zu einem an begründeten Determinanten orientierten Maß des Versorgungsbedarfs, sollte jedoch mehr als zwei Altersklassen berücksichtigen. Der mit dem GKV-VSG gesetzlich festgelegte Auftrag, neben demografischen Entwicklungen auch die Sozial- und Morbiditätsstruktur in der Ermittlung des Versorgungsbedarfs und der Weiterentwicklung der Verhältniszahlen zu berücksichtigen (§ 101 Absatz 2 SGB V), wurde in dem Gutachten ausführlich geprüft.

2. Steuerung der räumlichen Verteilung von Ärzten: Versorgungsebenen und Planungsräume

Die Einführung von vier Versorgungsebenen und die darauf aufbauende Neustrukturierung der Planungsbereiche war eine wichtige Reform, um der unterschiedlichen Bedeutung der Erreichbarkeit bei verschiedenen Arztgruppen gerecht zu werden. Einschränkend muss hierbei jedoch die bundesweite Heterogenität in der Flächenausdehnung und Einwohnerzahl der Mittelbereiche und Kreisregionen beachtet werden, die zum einen auf den Planungsräumen basierende Analysen und Zugangsbewertungen beeinflusst und zum anderen Ungleichheiten im Zugang manifestiert, da Ärzte sich nicht gleichmäßig im Planungsraum verteilen. Das Ausmaß dieser Planungsraumheterogenität kann anhand des so genannten inneren regionalen Widerstandes bewertet werden. Der Wert wird über den durchschnittlichen Weg, den man von einem inneren Punkt des Planungsraumes bis zum Zentrum des Planungsraumes zurücklegen muss, bestimmt. Die Abbildung 1 verdeutlicht, dass die inneren Widerstände im Nordosten und insbesondere in den Bundesländern Brandenburg und Mecklenburg-Vorpommern überproportional hoch sind. Dies impliziert, dass beispielsweise Mittelbereiche in Mecklenburg-Vorpommern die gleichen potenziellen Erreichbarkeiten initiieren wie sonst Kreisregionen im übrigen Bundesgebiet. Ungleiche Arztverteilungen verstärken diesen Effekt weiter.

Abweichungen von administrativen Planungsbereichszuschnitten aufgrund regionaler Besonderheiten gemäß § 99 Absatz 1 SGB V und § 2 BPL-RL können somit eine sinnvolle räumliche Feinplanung erlauben, wenn hierbei landes- beziehungsweise regionalspezifische Vorgaben oder historisch gewachsene Versorgungs- und Infrastrukturen berührt werden. Hinsichtlich des Zieles, gleichwertige Lebensverhältnisse zu schaffen, ist es jedoch ratsam, Anpassungen unter der Maßgabe einheitlicher Standards des Zugangs zur Versorgung sowie

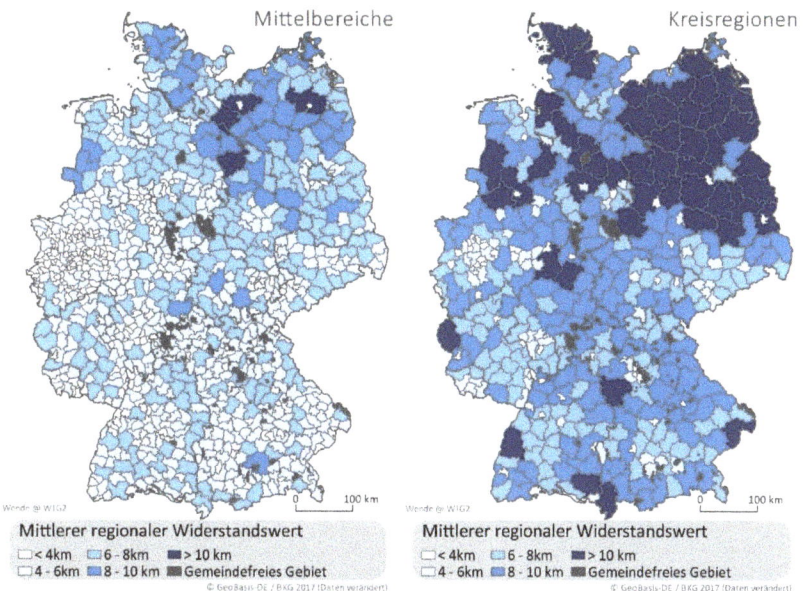

Abbildung 1: Innerer Widerstandswert von Planungsregionen (links Mittelbereiche, rechts Kreisregionen)
Quelle: eigene Berechnung

einer konsentierten Vorgehensweise vorzunehmen. Ungeachtet dessen, böte eine Planung unter Nutzung kleinräumiger (etwa Gemeinde- oder Rasterbezug) Daten unter Berücksichtigung von Erreichbarkeiten ohne Beschränkung auf administrative Grenzen die Option, die verzerrende Wirkung variabler Raumzuschnitte zu korrigieren.

2.1 Berücksichtigung regionaler Mitversorgung

Patienten nehmen ambulante Versorgung nicht immer an ihrem Wohnort in Anspruch. Das bisherige Konzept der Mitversorgung basiert auf der normativen Annahme, dass die Pendlerverflechtungen der sozialversicherungspflichtig Beschäftigten das Wanderungsverhalten der Bevölkerung im Raum insgesamt abbilden und damit auch die Wahrscheinlichkeit der Inanspruchnahme vertragsärztlicher Leistungen. Die aus dieser Annahme abgeleitete Differenzierung der Verhältniszahlen anhand von Kreistypen läuft Gefahr, historisch bedingte Ungleichheiten in den ärztlichen Kapazitäten zu verstetigen. Auch auf Basis

Abbildung 2: Mitversorgungsrelationen differenziert nach Kreistypisierung
Quelle: eigene Berechnung

der empirischen Analysen des Gutachtens muss die bisherige Anpassung als zu ungenau bewertet werden, da die Kreistypen nicht trennscharf zwischen den tatsächlichen Pendlerquoten differenzieren können. Insgesamt unterscheiden sich die Pendlersalden lediglich zwischen den Kreistypen 1 und 3 eindeutig, wohingegen zwischen den Typen 2, 4 und 5 erhebliche Überschneidungen auftreten. Die empirische Betrachtung zeigt auch, dass die Mitversorgungstypen nicht in konsistenter Weise den realen Beziehungen entsprechen (Abbildung 2).

Die Betrachtung der tatsächlichen Patientenströme würde das räumliche Inanspruchnahmeverhalten der Patienten präziser abbilden, sollte jedoch in Zusammenschau mit Erreichbarkeitsstandards und Präferenzen der Patienten für zumutbare Distanzen erfolgen.

2.2 Steuerung bei festgestellter Unter- beziehungsweise Überversorgung

Die Bedarfsplanung funktioniert nur, wenn die Bewertung der Versorgungssituation mit effektiven Instrumenten zum Abbau von Über- und Unterversorgung einhergeht. Instrumente zum Abbau von Überversorgung sollten dazu beitragen, ärztliche Kapazitäten nicht zu Lasten unterversorgter Regionen zu binden und eine wirtschaftliche Kapazität an Ärzten zu gewährleisten. In zulassungsbeschränkten Gebieten kann der Zulassungsausschuss ab einem Versorgungsgrad von 110 Prozent beziehungsweise soll der Zulassungsausschuss ab einem

Versorgungsgrad von 140 Prozent einen Antrag auf Nachbesetzung eines Vertragsarztsitzes ablehnen, wenn die Nachbesetzung aus Versorgungsgründen nicht erforderlich ist. Für das Entscheidungskriterium der „Versorgungsgründe" existiert gemäß Gutachten keine bundeseinheitliche Definition. Das Gutachten empfiehlt daher, das Kriterium der Versorgungsgründe nach einer bundesweit gültigen und überprüfbaren Methodik am Versorgungsbedarf auszurichten. Beispielsweise sollte präzise nachgewiesen werden, warum der Wegfall des Arztsitzes sich nicht durch bestehende Arztsitze kompensieren lässt.

2.3 Weiterentwicklung hin zu einer prospektiven Bedarfsplanung

Ansätze für eine prospektive Orientierung der Bedarfsplanung sind in der Feststellung einer drohenden Unterversorgung und der Feststellung eines zusätzlichen lokalen Versorgungsbedarfs enthalten. Auf bundesweiter Ebene sollte darüber hinaus ein Rahmen geschaffen werden, wie unterschiedliche prognostizierte Bevölkerungsentwicklungen innerhalb Deutschlands und Veränderungen in den Versorgungserfordernissen einer Bevölkerung mit wachsendem Anteil an älteren und multimorbiden Menschen über die kommenden Jahrzehnte in der Bedarfsplanung zu berücksichtigen sind. Eine optimale Gesamtkapazität an Ärzten ist schwer zu bestimmen, neu berechnete Verhältniszahlen sollten jedoch Veränderungen in der behandelbaren Morbidität je Einwohner berücksichtigen. Ebenso sollten mittelfristige Veränderungen des Versorgungsbedarfs im Auf- und Abbau von Arztkapazitäten berücksichtigt werden.

Die im Gutachten zur Weiterentwicklung der Bedarfsplanung berechneten Prognosemodelle demonstrieren in diesem Kontext die Stärke der neu errechneten morbiditätsgewichteten Verhältniszahlen, Entwicklungen im Versorgungsbedarf zwischen den Regionen und Veränderungen im Versorgungsbedarf je Einwohner gemäß der Entwicklung der Bedarfsfaktoren abzubilden. Eine Aktualisierung der errechneten morbiditätsgewichteten Verhältniszahlen in regelmäßigen aber nicht zu kurzen Abständen würde die ausgewiesenen Arztkapazitäten gemäß den Veränderungen der Bedarfsindikatoren anpassen.

3. Vorschlag einer Vorgehensweise zur Neuberechnung der Verhältniszahlen und der Berücksichtigung von Mitversorgung

Arzt-Einwohner-Verhältniszahlen (ein Arzt je Anzahl Einwohner) legen eine arztgruppenspezifische Kapazität fest, die dem Versorgungsbedarf einer definierten Bevölkerung entsprechen soll. Ziel der arztgruppenspezifischen

Verhältniszahlen ist es laut § 8 Absatz 1 BPL-RL, den „allgemeinen bedarfsgerechten Versorgungsgrad" auszudrücken (§ 8 BPL-RL). Die Festlegung der Verhältniszahlen erfolgt für 23 Arztgruppen auf vier Versorgungsebenen gemäß § 11 bis 14 und Anlage 5 der BPL-RL. Für die Versorgungsebenen der hausärztlichen Versorgung, der spezialisierten fachärztlichen Versorgung und der gesonderten fachärztlichen Versorgung wird eine Verhältniszahl auf die Bevölkerung im jeweiligen Planungsbereich angewendet (beispielsweise ein Hausarzt zu 1.671 Einwohnern in Mittelbereichen).

Für die allgemeine fachärztliche Versorgung gilt keine bundesweite Verhältniszahl, sondern regionalspezifische Verhältniszahlen. Die Verhältniszahlen für die allgemeine fachärztliche Versorgung werden nach sechs verschiedenen Kreistypen differenziert, welche die ambulanten Versorgungsbeziehungen zwischen Stadt, Umland und ländlichem Raum abbilden sollen, um einer Mitversorgungsleistung von Ärzten in größeren Städten für das Umland Rechnung zu tragen (G-BA 2016, Anlage 6). Die Schwankungsbreiten zwischen den Kreistypen fallen je nach Facharztgruppe unterschiedlich stark aus. Bei Kinderärzten liegen die Verhältniszahlen je Arzt zwischen 2.405 Einwohnern (Kreistyp 1) und 4.372 Einwohnern (Kreistyp 3), bei Psychotherapeuten unterscheiden sich die Verhältniszahlen fast um das Dreifache (Kreistyp 1: 3.079 Einwohner; Kreistyp 3: 9.103 Einwohner je Psychotherapeut). Die Verhältniszahlen werden zudem mit einem Demografiefaktor multipliziert, der basierend auf Altersfaktoren und einem bundeseinheitlichen, arztgruppenspezifischen Leistungsbedarfsfaktor berechnet wird. Nicht angewendet wird der Demografiefaktor auf die Verhältniszahlen der Kinderärzte und der Kinder- und Jugendpsychiater. Auf der Grundlage von § 99 Absatz 1 Satz 3 SGB V können auch regional abweichende Verhältniszahlen festgestellt werden (§ 8 BPL-RL). Abbildung 3 skizziert den gültigen Ansatz zur Berechnung der Verhältniszahlen.

Durch das vorgeschlagene neue Konzept ändert sich die Vorgehensweise bei der Berechnung der Verhältniszahlen und des Versorgungsgrades. Gemäß dieser Methodik wird der morbiditätsadjustierte Versorgungsbedarf berechnet und in arztgruppenspezifische Verhältniszahlen übersetzt. Mitversorgung fließt in diesem Schritt nicht in die Berechnung der Verhältniszahlen ein, sondern wird gemäß der entwickelten Vorgehensweise mittels Gravitationsansatz berücksichtigt, um zu einer präzisen Schätzung der Einwohner-Arzt-Relationen zu gelangen. Die neuberechneten Verhältniszahlen und die mittels Gravitationsansatz ermittelten Einwohner-Arzt-Relationen werden in ein Verhältnis zueinander gesetzt, um den Versorgungsgrad im Planungsbereich auszuweisen.

Gutachten zur Weiterentwicklung der Bedarfsplanung 55

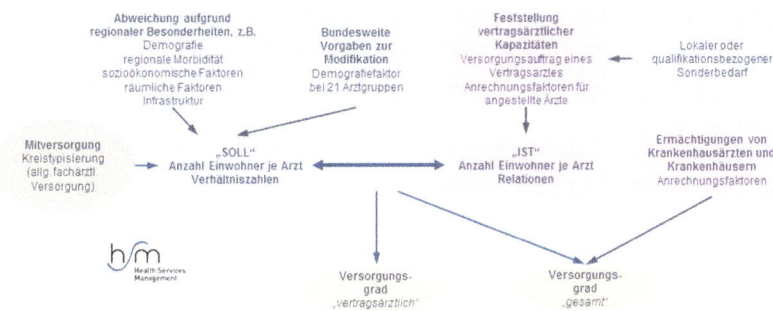

Abbildung 3: Bestehender Ansatz zur Berechnung der Verhältniszahlen und des Versorgungsgrades zum Stand vom 15. Februar 2018
Quelle: eigene Darstellung

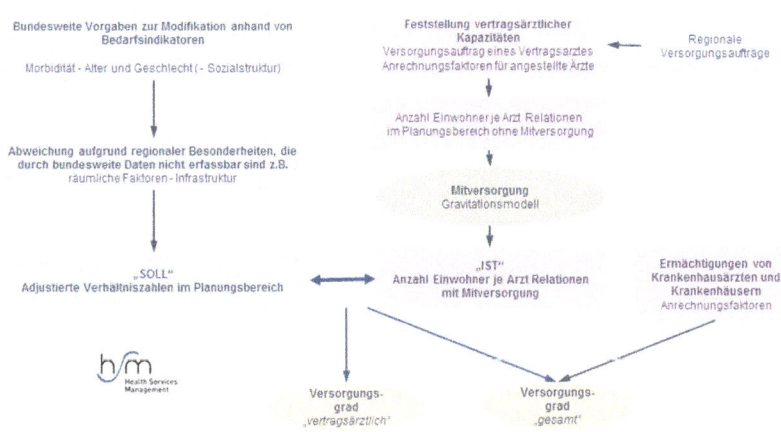

Abbildung 4: Neues Konzept zur Berechnung der Verhältniszahlen und des Versorgungsgrades
Quelle: eigene Darstellung

3.1 Konzeptionelle Grundlagen der Neuberechnung der Verhältniszahlen

Nachdem Änderungen der BPL-RL mit dem GKV-VStG angestoßen worden waren, stellte der Gesetzgeber in kurzer Abfolge fest, dass es weiterreichender Neuordnungen für die Reform der vertragsärztlichen Kapazität und Verteilung bedarf.

Mit dem im Juli 2015 in Kraft getretenen Gesetz zur Stärkung der Versorgung in der gesetzlichen Krankenversicherung (GKV-VSG) beauftragte der Gesetzgeber den G-BA daher, neben demografischen Entwicklungen auch die Sozial- und Morbiditätsstruktur in der Ermittlung des Versorgungsbedarfs und der Weiterentwicklung der Verhältniszahlen zu berücksichtigen. Mehrere theoretisch begründete Modelle zur Operationalisierung des Versorgungsbedarfs, abhängig von der Morbiditäts- und Sozialstruktur, wurden aufgestellt und systematisch hinsichtlich ihrer Eigenschaften und inhaltlichen Implikationen untersucht.

Der realistischen Theorie folgend stand im Gutachten die behandelbare Morbidität im Fokus der Bedarfsschätzung. Der objektive Versorgungsbedarf positioniert in der Mitte von Abbildung 5 ist ein Konstrukt und als solches in seinem Wesen latent.

Der Versorgungsbedarf kann somit nicht direkt gemessen werden, sondern wird durch messbare Indikatoren behandelbarer Morbidität erschlossen, die als Bedarfsindikatoren bezeichnet werden. Die Prinzipien der evidenzbasierten Medizin werden berücksichtigt, indem ihr Erkenntnisstand das Ausmaß der behandelbaren Morbidität beeinflusst und der objektive Versorgungsbedarf wiederum eine Funktion der behandelbaren Morbidität ist. Der objektive Versorgungsbedarf führt schließlich zur Inanspruchnahme von Leistungen. Für die Bewertung der Ansätze zur Operationalisierung des Versorgungsbedarfs wurden Kriterien aufgestellt, die sich einerseits aus den Zusammenhängen des Modells in der Abbildung 5 ableiten und sich andererseits aus den praktischen Erfordernissen der Bedarfsplanung ergeben.

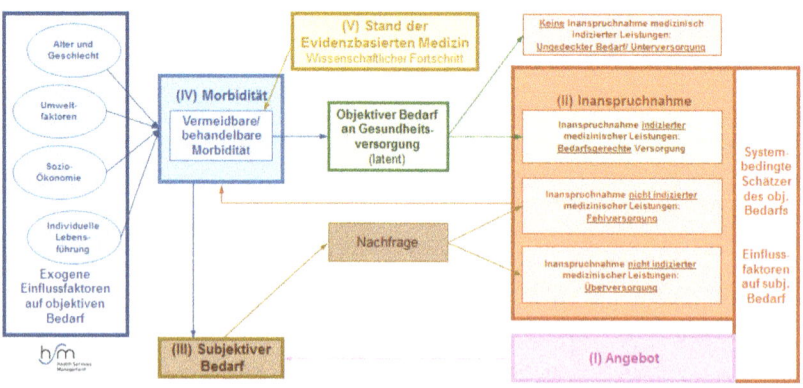

Abbildung 5: Einflussfaktoren auf den objektiven Versorgungsbedarf
Quelle: eigene Darstellung

Ein zentrales Kriterium ist, dass die empirische Größe, die sich aus der Operationalisierung des Versorgungsbedarfs ergibt, einen inhaltlichen Bezug zu dem für die Erfüllung des Versorgungsauftrags durchschnittlich erforderlichen Zeitaufwandes eines Vertragsarztes haben sollte.

Die mit der Modellierung verbundenen Entscheidungen bei der Auswahl und Quantifizierung der Bedarfsindikatoren, der Wahl der Datengrundlagen und der konkreten Modellierung wurden zudem möglichst nachvollziehbar und entlang zuvor aufgestellter Kriterien getroffen. Diese Auswahl entspricht den rechtlichen Vorgaben, nach denen die Entscheidungen der Planungsträger innerhalb des durch die Verfassung und des SGB V gezogenen Rahmens auf allgemeinen und aussagekräftigen Kriterien beruhen müssen, deren Anwendung konsequent und widerspruchsfrei erfolgt sowie nachvollziehbar und plausibel zu begründen ist.

Kriterien zur Operationalisierung des Versorgungsbedarfs

Kriterien zur Operationalisierung des Versorgungsbedarfs	
1 konzeptionelle Grundlagen	**Kriterien**
B1.1 Auswahl der Bedarfsindikatoren	begründete Auswahl und Operationalisierung der Bedarfsindikatoren
B1.2 Abhängigkeit der Bedarfsindikatoren	Prüfung der (konzeptionellen) Abhängigkeit des Bedarfsindikators vom Angebot unabhängig vom Versorgungsbedarf
B1.3 Quantifizierung des Versorgungsbedarfs	Bezug zu dem für die Erfüllung des Versorgungsbedarfs durchschnittlich erforderlichen Zeitaufwand eines Vertragsarztes
2 Datengrundlage	**Kriterien**
B2.1 Verfügbarkeit	Verfügbarkeit der Datengrundlage für Zwecke der Bedarfsplanung
B2.2 Aktualität	regelmäßige Erhebung der Datengrundlagen, auch in absehbarer Zukunft
B2.3 externe Validität	möglichst umfassende und exakte Abbildung der Population in den zu planenden Räumen gemäß Planungszielen

Kriterien zur Operationalisierung des Versorgungsbedarfs	
B2.4 interne Validität	zweckmäßige und konsistente Quantifizierung der vorgesehenen Merkmale
B2.5 Reliabilität	inhaltliche Stabilität der quantifizierten Merkmale im Zeitverlauf
3 Machbarkeit	Kriterium
B3.1 Arztkapazitäten	Übersetzung des geschätzten Versorgungsbedarfs in Arztkapazitäten möglich
4 Modellierung	Kriterien
B4.1 statistisches Modell	angemessene Auswahl des statistischen Modells
B4.2 Ebene der Analyse	ökologische Fehlschlüsse möglichst vermeiden
5 Zukunftsfähigkeit	Kriterium
B5.1 zukünftige Veränderungen	Prognosen zum Versorgungsbedarfs können in der Planung berücksichtigt werden

Quelle: eigene Darstellung

3.2 Ergebnisse der Neuberechnung der Verhältniszahlen

Für die hausärztliche und allgemeine fachärztliche Versorgung wurden morbiditätsgewichtete Verhältniszahlen auf Grundlage von Individualdaten aus dem ambulanten Abrechnungsgeschehen entwickelt. Für die spezialisierte und gesonderte fachärztliche Versorgung (mit Ausnahme der Internisten) wurden explorativ morbiditätsgewichtete Verhältniszahlen auf der Grundlage von aggregierten Daten berechnet. Das Gutachten konnte zeigen, dass eine valide Neuberechnung der Verhältniszahlen unter Berücksichtigung der arztgruppenspezifischen Morbiditätsstruktur auf Grundlage von Abrechnungsdaten auf Ebene von Individuen möglich ist. Wohlbegründet spezifizierte Modelle kommen zu ähnlichen Ergebnissen hinsichtlich der morbiditätsbedingten Gewichtung. Im Sinne einer effizienten Modellierung, die mit wenigen und gut begründeten Variablen robust den Versorgungsbedarf einer Bevölkerung approximiert, empfehlen die Gutachter die Aufnahme von Alters- und Geschlechtsgruppen, klassifizierten

Krankheitsgruppen und Multimorbidität als Bedarfsindikatoren in die Modellierung. Diese Variablen erklären zu hohen Anteilen die Umverteilungseffekte und sind gemäß der aufgestellten Kriterien konzeptionell wohlfundiert. Die Koeffizienten der Years of Life Lost (YLL) und Years Lived with Disability (YLD) waren selten statistisch signifikant und trugen quantitativ kaum zur Umverteilung bei.

Die Operationalisierung des ärztlichen Versorgungsaufwands erfolgte als ärztlicher Leistungsaufwand oder als Behandlungsfälle auf Grundlage ambulanter Abrechnungsdaten. Grundsätzlicher Vorteil dieser Datengrundlage ist, dass sie auf der Grundgesamtheit gesetzlich Versicherter basiert, die Vertragsarztleistungen in Anspruch genommen haben, und hohe externe Validität aufweist. Krankheitslast und verwandte Gesundheitsprobleme werden mittels der ICD-10-GM-Klassifikation von Vertragsärzten bei Anspruch von Leistungen durch Patienten kodiert. Da im ambulanten Sektor keine allgemeingültigen Richtlinien für die Kodierung von Krankheiten existieren, muss der dokumentierende Vertragsarzt Entscheidungen innerhalb eines Ermessensspielraums treffen. Entsprechend können die kodierten Diagnosen für eine Indikation beispielsweise in Abhängigkeit von Gewohnheiten, Erfahrung und Praxis der dokumentierenden Ärzte und somit auch regional variieren. Zur Stärkung der Datengrundlage zur Berechnung bedarfsgerechter Verhältniszahlen empfehlen die Gutachter Richtlinien, welche die Kodierqualität ambulanter Diagnosen verbessern.

Weiterhin wird empfohlen, die morbiditätsgewichteten Verhältniszahlen auf einem Querschnitt von mindestens drei Jahren zu berechnen, um Variationen zwischen den Planungsbereichen aufgrund von Ausreißern in einzelnen Jahren zu reduzieren und die Morbiditätsgewichtung für einen mittelfristigen Planungshorizont auszulegen. Für Planungszwecke sollten die Verhältniszahlen zudem auf Ebene der Versicherten beziehungsweise auf Individualebene und nicht auf Grundlage aggregierter Daten errechnet werden, um robuste Ergebnisse sicherzustellen. Die Anpassung der Verhältniszahlen an die Morbiditätsstruktur führt zu niedrigeren Verhältniszahlen in Regionen mit relativ hohem Versorgungsbedarf je Einwohner. Diese Regionen weisen im Durchschnitt hohe Behandlungsfallzahlen je Arztpraxis und Deprivationsmerkmale auf. Sie liegen vermehrt in ländlichen Räumen, doch auch einige stark verdichtete Regionen und Großstädte weisen einen überdurchschnittlichen Versorgungsbedarf je Einwohner auf.

Die Abbildung 6 zeigt beispielhaft die Verteilung der Verhältniszahlen für die Arztgruppe der Hausärzte. Auf der horizontalen Achse sind die Planungsregionen nach ihren jeweiligen administrativen Kennziffern gemäß Bundesländern aufgereiht. Auf der vertikalen Achse ist der Wert der errechneten

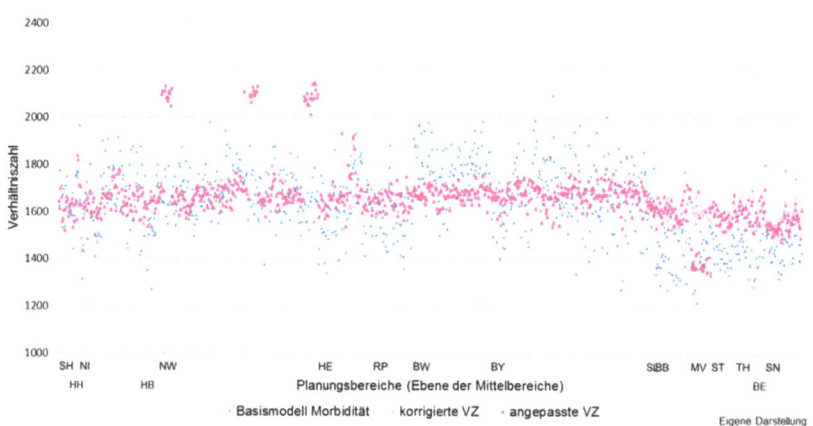

Abbildung 6: Errechnete Verhältniszahlen (Basismodell Morbidität) der hausärztlichen Versorgung im Vergleich zu den korrigierten und angepassten Verhältniszahlen
Quelle: eigene Darstellung

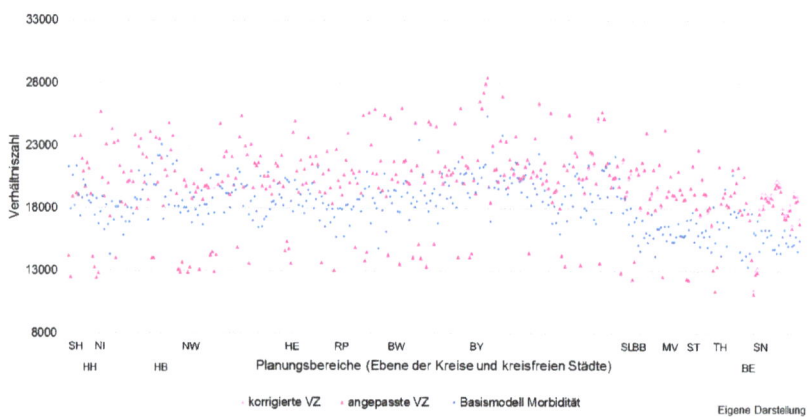

Abbildung 7: Verhältniszahlen (Basismodell Morbidität) der Augenärzte im Vergleich zu den korrigierten und angepassten Verhältniszahlen
Quelle: eigene Darstellung

Verhältniszahlen abgebildet. Jeder blaue Punkt steht für eine spezifische morbiditätsgewichtete regionale Verhältniszahl eines Planungsbereichs aus einem Modelltyp. Die Punkte in Magenta entsprechen den derzeit gültigen Verhältniszahlen (korrigierte Verhältniszahl) unter Berücksichtigung regionaler Besonderheiten (angepasste Verhältniszahl). Nicht berücksichtigt sind in der Darstellung die Mitversorgungseffekte.

Abbildung 7 zeigt weiterhin beispielhaft die Verteilung der Verhältniszahlen für die Arztgruppe der Augenärzte. Auch hier sind Mitversorgungseffekte noch nicht berücksichtigt. Die Modellergebnisse zu weiteren Arztgruppen sind im Gesamtgutachten dargestellt.

In einem eigenen Schritt wurde auch die Berücksichtigung von Sozialindikatoren – in Form von Einzelindikatoren sowie als aggregierte Deprivationsindizes, die soziale, ökonomische und umweltbezogene Dimensionen mit unterschiedlicher Gewichtung umfassen – bei der Schätzung des Versorgungsbedarfs geprüft. Ein maßgeblicher Vorteil sozioökonomischer Indikatoren ist, dass sie nicht abhängig und beeinflusst vom bestehenden Versorgungsangebot sind und somit – ähnlich zu Alters- und Geschlechtsgruppen – robuste Bedarfsindikatoren darstellen. Bezugnehmend auf die Kriterien der begründeten Auswahl der Bedarfsindikatoren und der Datenverfügbarkeit sowie der Maßgabe einer effizienten Modellierung wählten die Gutachter die Arbeitslosenquote als präferierten Indikator, um den sozioökonomischen Status abzubilden.

Ein Nachteil von Deprivationsindizes ist, dass sie den Einfluss einzelner Indikatoren unter Umständen verschleiern und ihre Aussagekraft von der Validität der getroffenen methodischen Annahmen zur Gewichtungsfunktion abhängt. Für eine zielgenaue Bedarfsplanung ist es jedoch wünschenswert, den spezifischen Einfluss der zugrunde gelegten Indikatoren zu analysieren, da die in den Indizes vorgenommene Gewichtung nicht im Hinblick auf die Planung vertragsärztlicher Kapazitäten entwickelt wurde.

Die bei der KBV vorliegenden ambulanten Abrechnungsdaten enthalten allerdings keine Information zu der sozioökonomischen Position der GKV-Mitglieder, sodass nur der Bezug von aggregierten sozioökonomischen Indikatoren zum Versorgungsbedarf innerhalb der Planungsbereiche hergestellt werden konnte. Dies eröffnet die Möglichkeit ökologischer Fehlschlüsse, die auch in den durchgeführten Schätzungen nicht ausgeschlossen werden konnten. Der psychotherapeutische Versorgungsaufwand steht zum Beispiel in den geschätzten Modellen in keinem positiven Zusammenhang mit aggregierten sozioökonomischen Indikatoren. Auch in Anbetracht der existierenden Literatur kann aber nicht ausgeschlossen werden, dass Versicherte mit niedrigerem sozioökonomischen Status einen höheren Bedarf an psychotherapeutischer Versorgung verbunden mit höherem Versorgungsaufwand aufweisen. Vor diesem Hintergrund kann die Aufnahme von aggregierten sozioökonomischen Variablen in die vorgeschlagene Modellierung nicht empfohlen werden. Letztlich resultieren die Unsicherheiten bei der Schätzung des sozioökonomisch bedingten Versorgungsaufwandes jedoch aus der Limitation der Datengrundlage. Die Gutachter empfehlen daher, als Grundlage eine Datenbasis in Struktur und Variablen ähnlich der des Risikostrukturausgleichs samt georeferenzierter Diagnosedaten mit Bezug zum Patientenwohnort und Angaben zum Betätigungsstatus der Mitglieder für die Zwecke der Bedarfsplanung zu verwenden, um eine auch rechtlich geforderte verlässliche Planungsgrundlage zu schaffen.

3.3 Neuberechnete Verhältniszahlen und Berücksichtigung von Mitversorgungseffekten

Das Gutachten hat empfohlen, morbiditätsbedingte Abweichungen der Verhältniszahlen der Planungsbereiche von einer durchschnittlichen bundesweiten Verhältniszahl als Richtwert für die bedarfsgerechte Versorgung heranzuziehen. Die morbiditätsgewichteten Verhältniszahlen ermitteln das bedarfsgerechte Einwohner-Arzt-Verhältnis für die Einwohner eines Planungsbereichs. Für die allgemeine fachärztliche Versorgung muss die Typisierung der Verhältniszahlen in sechs Klassen aufgrund geschätzter Mitversorgungsbeziehungen im ersten Schritt nicht erfolgen. Während die Teilversorgung von infrastrukturell gut angeschlossenen Planungsräumen durch Zentren sowohl aus Sicht der Patienten (bestehende Pendlerbeziehungen, sonstige Dienstleistungs-Infrastruktur) als auch hinsichtlich der Anbindung medizinischer Weiterbildung, des fachlichen Austauschs und im Sinne der Wirtschaftlichkeit zielführend ist, sollten Verhältniszahlen zunächst die für eine bedarfsgerechte Versorgung geschätzten notwendigen Arztkapazitäten für die Bevölkerung innerhalb eines Planungsbereichs ausweisen.

Die direkte Adjustierung der allgemeinen fachärztlichen Verhältniszahlen um die in der BPL-RL angenommenen Mitversorgungsbeziehungen führt zu Irritationen und/oder der Notwendigkeit, die Verhältniszahlen im Rahmen regionaler Besonderheiten gemäß § 99 Absatz 1 SGB V in denjenigen Planungsregionen anzupassen, für welche die Annahmen der Mitversorgung empirisch nicht oder kaum zutreffen.

Die wesentlichen Einflussgrößen regionaler Mitversorgung liegen in den strukturellen Charakteristika der Räume selbst. Diese umfassen sowohl die räumliche Lage von Mitversorgern gegenüber den mitversorgten Regionen als auch die Arzt-Einwohner-Verhältnisse der eigenen und der Nachbarkreise, die flächenmäßige Ausdehnung der Kreise sowie die Verteilung der Standorte in den Kreisen. Anpassungsfaktoren, wie sie aktuell Anwendung finden, haben den Nachteil, dass sie stets nur in eine Richtung und unabhängig von den benachbarten Anpassungsfaktoren wirken. Das bedeutet, sie ignorieren die räumliche Lage an sich und müssten, um dies zu kompensieren, für jede Region separat festgelegt werden. Im Vergleich zu Anpassungsfaktoren können Gravitationsmodelle Mitversorgung unter Berücksichtigung regionaler Gegebenheiten präziser abbilden. Die in den beispielhaften Abbildungen 6 und 7 neuberechneten Verhältniszahlen bilden also das bedarfsgerechte Einwohner-Arzt-Verhältnis für die Einwohner eines Planungsbereichs ab.

In einem zweiten Schritt müssten dann gravitationsbasierte Ansätze nachvollziehbar darstellen, welche Planungsräume in welchem Ausmaß ihre benachbarten Regionen gemäß zuvor ermittelter Schwellen von Mindesterreichbarkeit und Mindestangebot vor Ort zu welchem Anteil mitversorgen, um eine bedarfsgerechte Versorgung zu gewährleisten.

Gravitationsmodelle lösen die feste Zuordnung der Anzahl von Leistungserbringern und der Anzahl der Bevölkerung in einer festgelegten Raumdefinition ab. Der Gravitationsansatz bedingt somit eine Veränderung im eigentlichen Planungskonzept, indem die Erreichbarkeit der medizinischen Versorgung in das Planungskonzept integriert wird. Aus der bisher geltenden Einwohner-Arzt-Relation wird eine fahrzeitgewichtete Einwohner-Arztrelation mit expliziten Mindesterreichbarkeiten für verschiedene Fachgruppen. Im Kern ordnet ein Gravitationsmodell auf Basis bestimmter Annahmen die Bevölkerung (und damit im übertragenen Sinne den Behandlungsbedarf) den regional unterschiedlich verteilten Praxisstandorten zu. Das Modell basiert auf der theoretischen Überlegung, dass Patienten wohnortnahe Versorgung und Praxisstandorte mit hoher Kapazität bei gleicher Eignung bevorzugen. Daraus resultieren zwei Wirkungen: Patienten werden zum einen von Standorten mit hoher Arztkapazität „angezogen", eine zunehmende Distanz zwischen Patientenwohnort und Arztstandort wirkt dabei jedoch zunehmend „abstoßend". Diese beiden Wirkungen bestimmen schließlich die Zuordnung der Bevölkerung zu den Praxisstandorten. Jeder Standort ist sodann mit einem bestimmten Bevölkerungspotenzial belastet, definiert als gravitationsgewichtete Einwohner-Arzt-Relation.

Die gravitationsgewichtete Relation kann grenzüberschreitend und unter Wahrung von Richtwerten der Mindesterreichbarkeit modelliert werden, sodass Mitversorgung zwischen Standorten – oder bei entsprechender Aggregation auch zwischen Planungsräumen – inkludiert wird. Die gravitationsgewichtete Relation kann an Stelle der bisher verwendeten aggregierten Durchschnittsrelation auf Mittelbereichs- oder Kreisebene angewendet werden. Durch die

Berücksichtigung von Regionen-spezifischen Erreichbarkeiten und Mitversorgung jenseits fixer Grenzen wird das Versorgungsgeschehen für Patienten realitätsnäher als bislang abgebildet und kann dementsprechend im Einklang mit regionalen Gegebenheiten geplant werden.

Die Neuberechnung der Verhältniszahlen und die Berücksichtigung der Mitversorgung weisen neue Arztkapazitäten aus, die gegebenenfalls schwer sicherzustellen sind. Auch neue Versorgungsmodelle, die Telemedizin und die Delegation ärztlicher Leistungen einbeziehen, sollten flankierend genutzt werden, um den ärztlichen Versorgungsbedarf sicherzustellen. Gerade in Planungsbereichen, in denen infolge von Bevölkerungsrückgang keine stabile Planung von Vertragsarztsitzen möglich ist, müssen alternative Modelle flankierend eingesetzt werden oder zeitlich befristete Versorgungsaufträge erteilt werden. Im Gutachten sind weitere Berechnungen zum Einfluss des hier vorgestellten Ansatzes auf die Anzahl der Arztsitze je Arztgruppe zu finden.

4. Fazit und Ausblick

Die Gutachter hatten den Auftrag, ein Konzept für die Neuberechnung der Verhältniszahlen abhängig von der Morbiditäts- und Sozialstruktur in Deutschland vorzuschlagen und auch zu erörtern, wie die Festlegung der Gesamtkapazität an Ärzten je Fachgruppe plausibilisiert werden könnte. Mehrere wohlfundierte Modelle zur Operationalisierung des Versorgungsbedarfs wurden dabei aufgestellt und systematisch hinsichtlich ihrer Eigenschaften und inhaltlichen Implikationen untersucht. Im Gutachten stand die behandelbare Morbidität im Fokus der Bedarfsschätzung. Die behandelbare Morbidität als Teilmenge der gesamten Krankheitslast wird durch den derzeitigen Stand der evidenzbasierten Medizin und das daraus abgeleitete Wissen über effektive und kosteneffektive Interventionen für das Spektrum präventiver, diagnostischer, kurativer und rehabilitativer Leistungen bedingt. Der objektive Versorgungsbedarf einer Bevölkerung wird im Gutachten als latentes Konstrukt betrachtet, das nicht direkt gemessen werden kann, sondern durch relevante Einflussfaktoren und/oder Indikatoren behandelbarer Morbidität approximiert werden muss. Die mit der Modellierung verbundenen Entscheidungen bei der Auswahl und Quantifizierung der Bedarfsindikatoren, der Wahl der Datengrundlagen und der konkreten Modellierung wurden dabei möglichst nachvollziehbar entlang von zuvor aufgestellten Kriterien getroffen.

Für die hausärztliche und allgemeine fachärztliche Versorgung ermittelten die Gutachter morbiditätsgewichtete Verhältniszahlen auf Grundlage von Individualdaten aus dem ambulanten Abrechnungsgeschehen. Für einzelne

Subgruppen der Internisten wurde der Versorgungsbedarf explorativ kartographisch abgebildet. Für die spezialisierte und gesonderte fachärztliche Versorgung (mit Ausnahme der Internisten) wurden explorativ morbiditätsgewichtete Verhältniszahlen auf Grundlage von aggregierten Daten gerechnet. Wohlbegründete spezifizierte Modelle kamen zu Ergebnissen hinsichtlich der morbiditätsbedingten Gewichtung. Im Sinne einer effizienten Modellierung, die mit wenigen und gut begründeten Variablen robust den Versorgungsbedarf einer Bevölkerung approximiert, empfehlen die Gutachter die Aufnahme von Alters- und Geschlechtsgruppen, klassifizierten Krankheitsgruppen und Multimorbidität als Bedarfsindikatoren in die Modellierung.

Die Anpassung der Verhältniszahlen an die Morbiditätsstruktur führt im Durchschnitt zum einen zu einer Erhöhung des ausgewiesenen Versorgungsbedarfs je Einwohner in Regionen mit einer überdurchschnittlichen Anzahl an Behandlungsfällen je Vertragsarzt und Deprivationsmerkmalen und bewirkt zum anderen eine leichte Senkung der allgemeinen Verhältniszahlen als Bezugsgröße zu den regionalen Verhältniszahlen je Arztgruppe. Die direkte Adjustierung der allgemeinen fachärztlichen Verhältniszahlen um die in der BPL-RL angenommenen Mitversorgungsbeziehungen führt zu Irritationen und/oder der Notwendigkeit die Verhältniszahlen im Rahmen regionaler Besonderheiten gemäß § 99 Absatz 1 SGB V in denjenigen Planungsregionen anzupassen, für welche die Annahmen der Mitversorgung empirisch nicht oder kaum zutreffen.

Gemeinsamer Bundesausschuss. (2016). *Bedarfsplanungs-Richtlinie in der Neufassung vom 20. Dezember 2012 veröffentlicht im Bundesanzeiger BAnz AT 31.12.2012 B7 vom 31. Dezember 2012 in Kraft getreten am 1. Januar 2013. Zuletzt geändert am 16. Juni 2016 veröffentlicht im Bundesanzeiger BAnz AT.*
Sundmacher, L., Schang, L., Schüttig, W., Flemming, R., Frank-Tewaag, J., Geiger, I., ... Brechtel, T. (2018). *Gutachten zur Weiterentwicklung der Bedarfsplanung i.S.d. §§ 99 ff. SGB V zur Sicherung der vertragsärztlichen Versorgung. Im Auftrag Des Gemeinsamen Bundesausschusses.*

Wulf-Dietrich Leber

Der deutsche Krankenhausmarkt - schlecht reguliert, schlecht digitalisiert, schlecht qualitätsgesichert[1]

1. Gesetzgebungsaktivitäten

Seit Amtsantritt des Bundesgesundheitsministers Jens Spahn sieht sich die gesundheitspolitische Gemeinde mit einem neuen Gesetz je Monat konfrontiert – ohne, dass ein Ende absehbar wäre (siehe Tab. 1). Je nach persönlicher Wertschätzung wird dies als „dynamisch" oder „hyperaktiv" eingestuft. Zweifelsohne bestand im „Neuland" Regulierungsbedarf, also im Bereich der Digitalisierung. Ob jedoch die Methodenbewertung im Gemeinsamen Bundesausschuss (G-BA) oder die Selbstverwaltungsstrukturen derart massiver Eingriffe bedurften, kann unterschiedlich beurteilt werden.

Eine gesundheitspolitische Gesamtbewertung wird dadurch erschwert, dass der Name des Gesetzes nicht mehr allzu viel über deren Inhalt verrät. Die Dominanz fachfremder Regelungen ist in den Gesetzen inzwischen so hoch, dass man zutreffender vom Januar-Gesetz, vom Februar-Gesetz usw. reden müsste.

Für den Krankenhausbereich relevant ist insbesondere das Pflegepersonal-Stärkungsgesetz (PpSG), das MDK-Reformgesetz (das im Folgenden nicht näher betrachtet wird) und die Gesetzgebung zur Reform der Notfallversorgung. Hinzu kommt das Gesetz zur Einführung von Pflegepersonaluntergrenzen (PpUG), das bereits zum Ende der letzten Legislaturperiode beschlossen wurde. Der massivste Eingriff ist zweifellos der DRG-Pflege-Split.

2. DRG-Pflege-Split

Die Regierungskoalition hat die Wirkung der kurz vor der Wahl beschlossenen Pflegepersonaluntergrenzen nicht abgewartet, sondern – überraschend - einen zweiten Beschluss zur Regulierung des Pflegebereichs gefällt: Die Ausgliederung der Pflegekosten aus den DRG-Fallpauschalen. Dies ist der bislang schwerste Eingriff in das Krankenhausvergütungssystem seit Einführung der

---

1 Der ursprüngliche Vortrag spiegelt die Diskussionslage bis Ende November 2019 wider. Diese schriftliche Fassung berücksichtigt die Entwicklung bis Ende Februar 2020.

Tabelle 1: Aktuelle Gesetzgebungsverfahren (Stand: 20.02.2020)

Gesetz		Stand	Verkündung im BGBl.[a]
GKV IPReG	Intensivpflege- und Rehabilitationsstärkungsgesetz	Gesetzentwurf 13.02.2020	
GKV-FKG	Fairer-Kassenwettbewerb-Gesetz	2./3. Lesung BT[b] 12.02.2020	
PDSG	Patientendaten-Schutzgesetz	Referentenentwurf 04.02.2020	
MPAnpG–EU	Medizinprodukte-Anpassungsgesetz	Anhörung im AfG[c] 15.01.2020	
	Gesetz zur Reform der Notfallversorgung	Referentenentwurf (08.01.2020)	
	Gesetz zur Stärkung der Apotheke-Vor-Ort	1. Lesung im BT (ungewiss)	
	Gesetz zum Schutz vor Konversionsbehandlungen	Gesetzgebung abgeschlossen	
	Entscheidungslösung für Organspende	Gesetzgebung abgeschlossen	
	Masernschutzgesetz		13.02.2020
	PTA-Reformgesetz		16.01.2020
GKV-BRG	Freibetrag in der betrieblichen Altersvorsorge		30.12.2019
„ATA/OTA-Gesetz"	Ausbildung zum Anästhesie- und Operationstechn. Assistenten		20.12.2019
MDK–Reformgesetz	Gesetz für bessere und unabhängigere Prüfungen		20.12.2019
DVG	Digitale Versorgung-Gesetz		18.12.2019
EIRD	Implantateregister-Errichtungsgesetz		17.12.2019
HebRefG	Hebammenreformgesetz		28.11.2019
PflegelöhneverbesserungsG	Gesetz für bessere Löhne in der Pflege		28.11.2019
	Verbesserung der Information über Schwangerschaftsabbruch		25.11.2019
2. DSAnpUG-EU	Zweites Datenschutz-Anpassungs- und Umsetzungsgesetz EU		25.11.2019

Tabelle 1: Fortsetzung

Gesetz		Stand	Verkündung im BGBl.[a]
PsychThGAusbRefG	Psychotherapeutenausbildungsreformgesetz		15.11.2019
PpUGV	Pflegepersonaluntergrenzen-Verordnung		31.10.2019
ApBetrO und AMPreisV	Apothekenbetriebsordnung und der Arzneimittelpreisverordnung		21.10.2019
GSAV	Gesetz für mehr Sicherheit in der Arzneimittelversorgung		15.08.2019
EAMIV	Elektronische Arzneimittelinformationen-Verordnung		02.08.2019
TSVG	Terminservice- und Versorgungsgesetz		10.05.2019
GZSO	Organspendegesetz		28.03.2019
GKV-VEG	GKV-Versichertenentlastungsgesetz		14.12.2018
PpSG	Pflegepersonal-Stärkungsgesetz		14.12.2018
PflAFinV	Pflegeberufe-Ausbildungsfinanzierungsverordnung		10.10.2018

Quelle: GKV-Spitzenverband, eigene Darstellung
[a] BGBl. – Bundesgesetzblatt
[b] BT – Bundestag
[c] AfG – Ausschuss für Gesundheit

DRG-Fallpauschalen Anfang des Jahrhunderts und fand in folgender Formulierung Eingang in den Koalitionsvertrag:

„Künftig sollen Pflegepersonalkosten besser und unabhängig von Fallpauschalen vergütet werden. Die Krankenhausvergütung wird auf eine Kombination von Fallpauschalen und einer Pflegepersonalkostenvergütung umgestellt. Die Pflegepersonalkostenvergütung berücksichtigt die Aufwendungen für den krankenhausindividuellen Pflegepersonalbedarf. Die DRG-Berechnungen werden um die Pflegepersonalkosten bereinigt."[2]

---

2 Vgl. Ein neuer Aufbruch für Europa. Eine neue Dynamik für Deutschland. Ein neuer Zusammenhalt für unser Land. – Koalitionsvertrag zwischen CDU, CSU und SPD, 19. Legislaturperiode, 12.03.2018, S. 99, abrufbar auf www.bundesregierung.de.

Bemerkenswert ist die Tatsache, dass dieser ganz grundlegende Einschnitt in das Vergütungssystem gänzlich ohne konzeptionelle Vorarbeiten erfolgte. In keinem der zahlreichen Vorschläge zur Weiterentwicklung des DRG-Systems findet sich dieser Vorschlag. Bemerkenswert ist auch, dass dieser Beschluss quasi ohne jede Modifikation im Rahmen des PpSG umgesetzt worden ist.

Hintergrund für den weitreichenden Beschluss dürfte der Eindruck der politischen Entscheidungsträger gewesen sein, man müsse etwas für die Pflege und die Pflegenden tun. De facto gab es seit Jahrzehnten eine Diskussion über unzureichende Pflege. Anfang der neunziger Jahre hatte dies zur Einführung der Pflegepersonal-Regelung (PPR)[3] geführt, die allerdings aufgrund ihrer ausgabensteigernden Wirkung gleich wieder außer Kraft gesetzt wurde. Eine längere Wirkung hatte die Psychiatrie-Personalverordnung (Psych-PV)[4]. Es folgten im ersten Jahrzehnt dieses Jahrhunderts die sogenannten Pflegegipfel. Die Ursache dafür, dass die Pflegeproblematik nunmehr auf einmal systemsprengende Energie hat, liegt nicht in der Verschlechterung der Situation im Krankenhaus, sondern im besonderen Handlungsbedarf in der Altenpflege.

Vergleicht man die Entwicklung von Alten- und Krankenpflege, dann zeigt sich ein kontinuierlicher Anstieg der belegten Betten in der Altenpflege, wohingegen die Zahl der belegten Krankenhausbetten eher rückläufig ist – trotz zunehmend alternder Bevölkerung (siehe Abb. 1). Der gesundheitspolitische Schwerpunkt der PPSG war denn auch die Schaffung von 13.000 neuen Pflegestellen in der Altenpflege. Zurecht. Ohne dass die These hier völlig ausgeführt werden kann, sei konstatiert: In der Altenpflege gibt es zu wenig Pflegekräfte; in der Krankenpflege gibt es genug Pflegekräfte, aber zu viele Fälle.

Man muss die Entscheidung für den „Pflexit" als eine Art Kollateralschaden der prekären Situation der Altenpflege sehen – mit fatalen Folgen auch für die Altenpflege:

1. Altenpflege, ambulante Pflegedienste und Reha werden durch Krankenhäuser leer gekauft.
2. Pflegekräfte werden wieder zur Raumpflege eingesetzt.
3. Selbstkostendeckung führt zu Maximierung der Kosten (kein Fokus auf Leistungen).

---

3 Regelung über Maßstäbe und Grundsätze für den Personalbedarf in der stationären Krankenpflege (Pflegepersonal-Regelung - PPR), abrufbar auf www.bgbl.de.
4 Verordnung über Maßstäbe und Grundsätze für den Personalbedarf in der stationären Psychiatrie (Psychiatrie-Personalverordnung - Psych-PV), abrufbar auf www.gesetze-im-internet.de.

Pflege findet in Pflegeheimen statt.

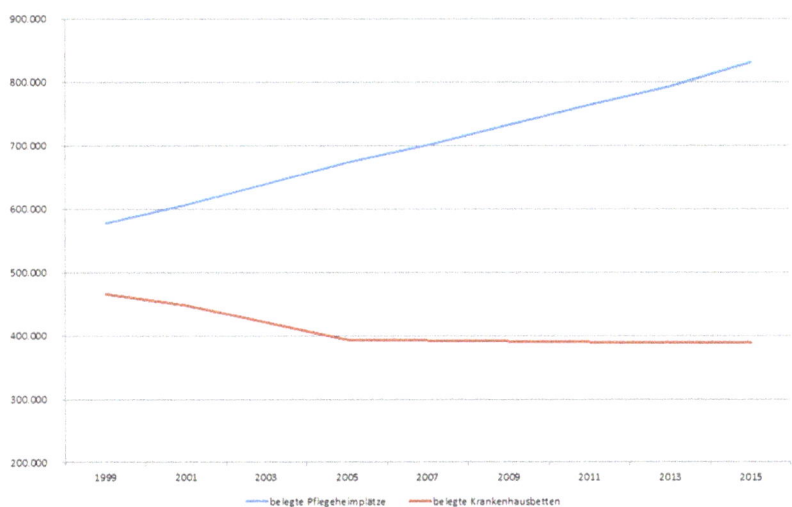

Abbildung 1: Entwicklung belegte Krankenhausbetten vs. belegte Pflegeheimplätze (1999 bis 2015)
Quelle: GKV-Spitzenverband, Daten: Destatis, eigene Darstellung

Die Selbstkostendeckung ist letztlich eine Art „Freibier-Regelung" (vgl. Leber, W.-D. 2018a) und ist aus gesundheitsökonomischer Sicht rundum abzulehnen. Wie lange sie Bestand haben wird, ist schwer zu beurteilen und dürfte nicht zuletzt davon abhängen, wie lange noch sprudelnde Beitragsgelder eine solche Freigiebigkeit erlauben. Mittelfristig bedarf es wieder einer leistungs- und qualitätsorientierten Vergütung. Bei der Beurteilung der Frage, ob dies quasi das Ende der DRGs bedeuten könnte, ist zu berücksichtigen, dass nirgends im Gesetz steht: „Schafft die DRGs ab!". Intention des Gesetzgebers war lediglich die Verbesserung der Situation in der Pflege.

Die Abgrenzung der Pflegepersonalkosten aller bettenführenden Abteilungen ist extrem konfliktträchtig, da eine Kongruenz zwischen kalkulatorischer Ausgliederung auf Bundesebene einerseits und der Budgetverhandlung vor Ort andererseits erreicht werden muss. Da die Abgrenzung in allen Krankenhäusern unterschiedlich gehandhabt wird und durch keine Kalkulationsvorschrift vorgegeben ist, sind Unschärfen unvermeidlich. Das PpSG sieht eine Vielzahl von Selbstverwaltungsvereinbarungen vor, die zur Umsetzung des DRG- Pflege-Splits notwendig sind (siehe Tab. 2).

Tabelle 2: Vereinbarungen zur Pflegeausgliederung

Nr.	Datum	Vereinbarung	Inhalt
1	18.02.2019	Pflegepersonalkostenabgrenzungsvereinbarung	• Bundeseinheitlichen Definition der auszugliedernden Pflegepersonalkosten • Zuordnung von Kosten von Pflegepersonal, das überwiegend in der unmittelbaren Patientenversorgung auf bettenführenden Stationen tätig ist • Kongruenz zwischen der Ausgliederung der Pflegepersonalkosten auf Bundes- und Ortsebene
2	17.06.2019	Änderungsvereinbarung zur Konkretisierung der Anlage 3 der Pflegepersonalkostenabgrenzungsvereinbarung	• Detaillierte Festlegung der Vorgaben für die Zuordnung der Pflegepersonalkosten
3	06.05.2019	DRG-Grundlagenvereinbarung	• Grundsätze für die Systementwicklung (aG-DRG-System und Pflegefinanzierung) • Spaltenlösung im Katalog • Lernendes System/mehrjähriger Prozess/Normierung • Vorgabe erster Abrechnungsgrundsätze ab dem Jahr 2020
4	23.09.2019	Pflegebudgetverhandlungsvereinbarung	• Einzelheiten zur Verhandlung des Pflegebudgets • Vorzulegende Unterlagen • Verfahren der Rückzahlung nicht zweckentsprechend verwendeter Mittel
5	18.10.2019	Fallpauschalenvereinbarung 2020	• Abrechnungsregeln • aG-DRG-Katalog 2020 (inklusive Zusatzentgelte) • Pflegeerlöskatalog 2020
6	25.11.2019	Änderungsvereinbarung Pflegebudgetverhandlungsvereinbarung	• Berechnung des krankenhausindividuellen Pflegeentgeltwertes • Erlöszuordnung und Ausgleiche für Jahresüberlieger

Quelle: GKV-Spitzenverband, eigene Darstellung

Die bundeseinheitliche Definition der auszugliedernden Personalkosten wurde in der **Pflegepersonalkostenabgrenzungsvereinbarung**[5] Mitte Februar 2019 kurz nach Ablauf der gesetzlichen Frist zwischen GKV und Deutscher Krankenhausgesellschaft (DKG) geeint – ohne Sonderregelungen zur Leiharbeit. Inhaltlich haben sich die Vertragsparteien eng an die gesetzlichen Vorgaben und die Gesetzesbegründung gehalten. So erfolgte bei der Abgrenzung grundsätzlich eine Orientierung an den Vorgaben der Krankenhaus-Buchführungsverordnung (KHBV). Daneben sind notwendige Vorgaben des Kalkulationshandbuches des Instituts für das Entgeltsystem im Krankenhaus (InEK) handlungsleitend für alle Krankenhäuser, um eine hohe Kongruenz von Bundes- und Ortsebene zu gewährleisten.

Um dem InEK frühzeitig klare Richtlinien für die Kalkulation zu geben und um den Programmierern von Krankenhaussoftware sowie den Programmierern von Rechnungsprüfungssoftware bei den Krankenkassen ausreichend Vorlauf zu ermöglichen, haben die Vertragsparteien auf Bundesebene im Mai 2019 eine **DRG-Grundlagenvereinbarung**[6] geschlossen, deren zentraler Inhalt die sogenannte Spaltenlösung ist. Es geht um die Frage, wie das Pflegebudget des einzelnen Krankenhauses via Einzelrechnung zu transferieren ist. Gesetzlich vorgegeben war eine tagesbezogene Abzahlung. Um pflegeaufwendige Fälle in adäquater Weise zu belasten, haben sich die Vertragspartner darauf verständigt, relative Gewichte zu verwenden: Je Krankenhaus gibt es einen spezifischen Pflegeentgeltwert, der sich aus den jeweiligen Selbstkosten ergibt, und je DRG weist der Katalog einen Pflegeerlös als Berechnungsrelation je Tag aus (siehe Tab. 3, vgl. rechte Spalte im Fallpauschalen- und Pflegeerlöskatalog 2020). Dieser Katalog wurde vom InEK aus den fallspezifischen Pflegekosten ermittelt. Die Spaltenlösung ist eine Art integraler Vergütungslösung, die den Zusammenhang zwischen den aG-DRG-Kosten und den fallgruppenspezifischen Pflegekosten aufrechterhält. Der Katalog firmiert als aG-DRGs, den DRGs mit ausgegliederten Pflegekosten. Durch die Spaltenlösung werden hohe Pflegekosten, wie bisher, der jeweiligen Fallgruppe zugeordnet. Dies vermeidet u. a. neue Belastungsunterschiede zwischen den Kassen, die ansonsten zu schwierigen Folgeproblemen im Risikostrukturausgleich geführt hätten.

---

5 Pflegepersonalkostenabgrenzungsvereinbarung vom 18.02.2019, abrufbar auf www.gkv-spitzenverband.de.
6 DRG-Grundlagenvereinbarung vom 06.05.2019, abrufbar auf www.gkv-spitzenverband.de.

Tabelle 3: aG-DRG-Version 2020 und Pflegeerlöskatalog 2020 (Auszug aus Teil a) Bewertungsrelationen bei Versorgung durch Hauptabteilung)

DRG	Partition	Bezeichnung	Bewertungsrelation bei Hauptabteilung	[...]	Pflegeerlös Bewertungsrelation/Tag
1	2	3	4	5 - 13	14
Prä-MDC					
A01A	O	Lebertransplantation mit Beatmung > 179 Stunden oder kombinierter Dünndarmtransplantation	21,483	[...]	3,5493
A01B	O	Lebertransplantation ohne kombinierte Dünndarmtransplantation mit Beatmung > 59 und < 180 Stunden oder mit Transplantatabstoßung oder mit kombinierter Nierentransplantation oder mit kombinierter Pankreastransplantation oder Alter < 6 Jahre	12,506	[...]	2,5709
A01C	O	Lebertransplantation ohne kombinierte Dünndarmtransplantation, ohne Beatmung > 59 Stunden, ohne Transplantatabstoßung, ohne kombinierte Nierentransplantation, ohne kombinierte Pankreastransplantation, Alter > 5 Jahre	8,835	[...]	2,2879
A02Z	O	Transplantation von Niere und Pankreas	8,606	[...]	1,8611
A03A	O	Lungentransplantation mit Beatmung > 179 Stunden	22,919	[...]	3,2952
[...]	[...]	[...]	[...]	[...]	[...]

Quelle: Daten: InEK (Stand:21.10.2019), eigene Darstellung

Traditionell wird der DRG-Katalog als Anlage einer **Fallpauschalenvereinbarung (FPV)**[7] veröffentlicht. Die Fallpauschalenvereinbarung enthält im Wesentlichen die Abrechnungsregeln. Diese musste wegen der gesonderten Abrechnung der Pflege modifiziert werden. Neben den Fallpauschalen und Zusatzentgelten sind jetzt auch tagesbezogene Pflegeentgelte abzurechnen. Der tagesbezogene Pflegeentgeltwert wird ermittelt, indem die maßgebliche Bewertungsrelation jeweils mit dem krankenhausindividuellen Pflegeentgeltwert multipliziert wird (Spaltenlösung). Neue Jahresüberliegerprobleme ergeben sich nicht: Alle in 2019 aufgenommenen Fälle werden nach altem System abgerechnet.

Der Umbau des DRG-Systems ist hoch komplex und nur beherrschbar, wenn er in mehreren Schritten erfolgt. Der erste aG-DRG-Katalog ist deshalb weitgehend strukturkonservativ: Die Fallgruppen entsprechen überwiegend der bisherigen Systematik und nur die Relativgewichte sind um die Pflegekosten bereinigt. Sollte sich die Ausgliederung der Pflege als historisch stabil erweisen, so wäre eine grundsätzliche Überarbeitung der Fallgruppenzusammensetzung folgerichtig. Die neuen homogenen Gruppen müssten auf Basis der Fallkosten bei Ausgliederung der Pflegekosten optimiert werden. Solange die Pflegekosten jedoch nur schwer approximiert werden können, ist es sinnvoll, nur die wirklich notwendigen Korrekturen vorzunehmen, z. B. die Umsortierung der Gruppen, um Mindervergütung bei Mehrleistung zu vermeiden. Der aG-DRG-Katalog 2020 sieht also zunächst weitestgehend die Beibehaltung der bestehenden Gruppen vor und erst in den Folgejahren wäre eine neue Gruppenbildung erforderlich. Absehbar ist ein hoch konfliktärer Verhandlungsprozess in den Budgetverhandlungen vor Ort. Die im Gesetz vorgesehene prospektive Verhandlung wird wahrscheinlich endgültig zu einer retrospektiven Verhandlung mutieren.

3. Pflegepersonaluntergrenzen

Die Entscheidung zur Einführung von Pflegepersonaluntergrenzen geht schon auf die letzte Legislaturperiode zurück, insbesondere auf die Arbeit der Expertenkommission „Pflegepersonal im Krankenhaus", die 2015 vom damaligen Bundesminister für Gesundheit, Hermann Gröhe, einberufen wurde. Gesetzlich verankert wurden die Pflegepersonaluntergrenzen mit Inkrafttreten des Gesetzes zur Modernisierung der epidemiologischen Überwachung übertragbarer

---

[7] Fallpauschalenvereinbarung 2020 (FPV 2020) vom 18.10.2019, abrufbar auf www.gkv-spitzenverband.de.

Krankheiten[8] im Juli 2017 (§ 137i SGB V). Der gesetzliche Auftrag an die Selbstverwaltungspartner GKV-Spitzenverband und DKG lautete, innerhalb eines Jahres pflegesensitive Bereiche in Krankenhäusern festzulegen und Pflegepersonaluntergrenzen zu vereinbaren, die ab dem 01.01.2019 verbindlich gelten.

Die Festlegung von Pflegepersonaluntergrenzen in pflegesensitiven Bereichen ist von einer Vielzahl definitorischer, konzeptioneller und methodischer Herausforderungen geprägt. Die erste Herausforderung liegt in der Festlegung der Bereiche. Für die erstmalige Vereinbarung von Pflegepersonaluntergrenzen für das Jahr 2019 konnten sich die Selbstverwaltungspartner auf sechs pflegesensitive Bereiche in Krankenhäusern verständigen: Geriatrie, Neurologie, Herzchirurgie, Kardiologie, Unfallchirurgie und Intensivmedizin. Die Auswahl dieser Bereiche basierte maßgeblich auf den Ergebnissen des vom Bundesgesundheitsministeriums (BMG) beauftragten Gutachtens des Hamburg Center for Health Economics (Schreyögg, J., Milstein, R. 2016a; Schreyögg, J., Milstein, R. 2016b). Ausgehend von den Abrechnungsdaten der Krankenhäuser und den Angaben der Krankenhäuser in den Qualitätsberichten wurde für insgesamt 15 medizinische Fachabteilungen der Zusammenhang zwischen den pflegesensitiven Ergebnisindikatoren (PSEI) und der Personalbelastungszahl der Pflegekräfte untersucht. Angesichts der verzerrten Datengrundlage kann das Ergebnis des Gutachtens kritisiert werden. Dennoch war es aufgrund mangelnder Alternativen handlungsleitend für die Selbstverwaltungspartner und das BMG.

Die Festlegung erster Bereiche war vergleichsweise trivial verglichen mit den nachfolgenden methodischen Problemen. Irgendwie musste eine Verhältniszahl wie z. B. „7 Patienten je Pflegekraft" definiert. Abbildung 2 zeigt die Problemdimensionen, die dabei einer Lösung zugeführt werden mussten. Sie seien kurz erläutert.

Zu 1: Heterogenität des Pflegeaufwands von Patienten

Nicht alle Patienten haben denselben Pflegeaufwand. Vielmehr variiert der Pflegeaufwand von Patienten zum Teil erheblich, sowohl zwischen unterschiedlichen Patientengruppen als auch über den Zeitverlauf des Krankenhausaufenthaltes. So ist z. B. der Pflegeaufwand eines frisch operierten Patienten in den ersten Tagen nach der Operation höher als in den Tagen kurz vor der Entlassung aus dem Krankenhaus. Für die Umsetzung einer geeigneten Risikoadjustierung des Pflegeaufwands von Patienten wurde das InEK beauftragt, den

---

[8] Gesetz zur Modernisierung der epidemiologischen Überwachung übertragbarer Krankheiten vom 17.07.2017 (BGBl I S. 2615–2639).

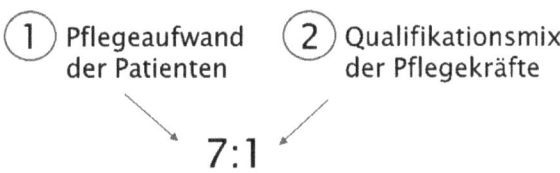

③ Zeitlich: je Schicht, Tag, Nacht, Wochenende

④ Organisatorisch: Bereich → Station vs. Fachabteilung

⑤ Einhaltung: je Schicht, Durchschnitt, Erfüllungsquote

⑥ Festlegung der Untergrenzen: Ist-Daten, Expertenmeinung

Abbildung 2: Problemdimensionen Pflegepersonaluntergrenzen
Quelle: GKV-Spitzenverband, eigene Darstellung

patientenindividuellen Pflegeaufwand aus den Pflegepersonalkostenanteilen der G-DRG-Fallpauschalen abzuleiten. Das Ergebnis war ein sogenannter Pflegelast-Katalog[9], der für jede DRG die Pflegelast pro Verweildauertag und additive Komponenten in Form eines Relativgewichts enthält, differenziert für Normal- und Intensivstationen sowie für die Versorgung von Erwachsenen und Kindern. Im Rahmen einer vom BMG moderierten Einigung sollten drei Schweregradgruppen mit jeweils vergleichbarer Pflegelast gebildet werden. Mangels signifikanter Daten konnten jedoch keine differenzierten Grenzwerte für die Jahre 2019 und 2020 festgelegt werden.

Zu 2: Qualifikationsmix des Pflegepersonals

Eine ähnliche Herausforderung zeigt sich auch auf der Seite des Pflegepersonals: Nicht alle Pflegekräfte haben dasselbe Qualifikationsniveau. Die Verordnungen für die Jahre 2019 und 2020 sehen vor, dass in erster Linie Pflegefachkräfte mit mindestens dreijähriger Berufsausbildung maßgeblich für die Einhaltung der Pflegepersonaluntergrenzen sind. Bis zu einem bestimmten Umfang können darüber hinaus auch anteilig weitere Pflegekräfte berücksichtigt werden.

---

9 Vgl. InEK: Katalog zur Risikoadjustierung für Pflegeaufwand (Pflegelast-Katalog) - Version 0.99 vom 29.03.2018, abrufbar auf www.g-drg.de.

Zu 3: Zeitlicher Bezug von Pflegepersonaluntergrenzen

Eine weitere Entscheidung lag in dem zeitlichen Bezug von Pflegepersonaluntergrenzen: Werden Pflegepersonaluntergrenzen differenziert für jede Schicht eines üblichen Drei-Schicht-Modells (Früh-, Spät- und Nachtschicht) oder nur differenziert für eine Tages- und eine Nachtschicht festgelegt? Werden Vorgaben für Schichten an Werktagen von solchen für Wochenendtage unterschieden? Für die ersten beiden Jahre wurde im Rahmen der Rechtsverordnung ein Zwei-Schichten-Modell ohne Wochentag- und Wochenend-Differenzierung festgelegt.

Zu 4: Organisatorischer Bezug von Pflegepersonaluntergrenzen

Während das Gesetz Pflegepersonaluntergrenzen für pflegesensitive Bereiche vorschreibt, fehlt es an einer organisatorischen Verortung des Begriffs. Die ärztliche Patientenversorgung in deutschen Krankenhäusern ist traditionell in medizinischen Fachabteilungen organisiert, deren Bezeichnungen und Differenzierungsgrad sich an der Weiterbildungsordnung für Ärzte[10] orientieren. Die pflegerische Patientenversorgung hingegen ist in Stationen organisiert, die zunehmend interdisziplinär, d. h. mit Patienten von verschiedenen Fachabteilungen, belegt sind. Aus Gründen des Patientenschutzes müssen die Pflegepersonaluntergrenzen für Stationen festgelegt werden, zu denen es jedoch im deutschen Krankenhauswesen keinerlei Festlegungen und Statistiken gibt. Krankenkassen erhalten beispielsweise im Rahmen der Abrechnung lediglich Angaben zur Abteilung – nicht zu den Stationen, auf denen der Patient versorgt worden ist. In einem hier nicht näher beschriebenen Prozess erhält das InEK Informationen zu den „pflegesensitiven" Stationen, für die die Grenzwerte anzuwenden sind.

Zu 5: Einhaltung von Pflegepersonaluntergrenzen

Schließlich galt es eine Regelung zur Frage der Einhaltung bzw. Nichteinhaltung und Sanktionierung von Pflegepersonaluntergrenzen zu vereinbaren. Die adäquate Lösung aus Sicht des Patienten ist die hundertprozentige Einhaltung der Grenzwerte in allen Schichten. Als Einstiegslösung hat das BMG allerdings die Einhaltung der Grenzwerte im Monatsdurchschnitt vorgegeben, was die Saldierung von über- und unterbesetzten Schichten erlaubt. Die Anzahl der gerissenen Schichten muss allerdings ebenfalls mitgeteilt werden.

---

10 Vgl. BÄK: (Muster-)Weiterbildungsordnung 2018 vom 16.11.2018, abrufbar auf www.bundesaerztekammer.de.

Zu 6: Festlegung der Untergrenzen

Eine weitere Herausforderung ist die Festlegung der Grenzwerte, da Studien zum Zusammenhang von Personalausstattung und Ergebnisqualität fehlten. Es wurde deshalb die rein statistische Methode des sogenannten Perzentilansatzes gewählt, bei dem der Grenzwert auf Basis der Verteilung von erhobenen Ist-Daten erfolgt – im Falle der Pflegepersonaluntergrenze auf Basis des 25 %-Perzentils. Krankenhäuser, deren Pflegepersonal-Patienten-Verhältnis im unteren Quartil der Verteilung liegt, müssen ihr Verhältnis von Pflegepersonal zu Patienten mindestens bis zum Erreichen des vorgegebenen Grenzwertes verbessern. Dies kann zum einen durch die Aufstockung des Pflegepersonals und zum anderen durch die Reduzierung von Patientenzahlen erreicht werden. Der Vor- und Nachteil zugleich beim Perzentilansatz ist die Nähe zum Status quo. Aus wissenschaftlichen Studien oder REFA-Erhebungen abgeleitete Personalvorgaben bergen die Gefahr, dass sie so weit von der tatsächlichen bzw. realistisch umsetzbaren Personalausstattung entfernt sind, dass lange Übergangsfristen (Beispiel: Qualitätssicherungs-Richtlinie Früh- und Reifgeborene (QFR-RL)[11]) oder sogar eine Außerkraftsetzung (Beispiel: PPR) die Folge sein können. Allerdings kann beim Perzentilansatz das Gesamtniveau der erhobenen Ist-Daten – verglichen mit der Einschätzung von Experten, Politikern oder Einzelpersonen – inadäquat sein und einen als kritisch eingeschätzten Status quo manifestieren.

Die Festlegung und Kontrolle der Pflegepersonaluntergrenzen ist ein mehrjähriger Vorgang, der mit der verbindlichen Festlegung für vier Bereiche für das Jahr 2019 begann und mit der Festlegung weiterer Bereiche im Jahr 2020 fortgesetzt wurde (siehe Abb. 3). Gleichzeitig begann im Jahr 2020 die erste Datenerhebung für weitere Bereiche (Innere Medizin und Chirurgie jeweils insgesamt) zwecks Festlegung von Untergrenzen für das Jahr 2021.

Die Verhandlungen der Selbstverwaltungspartner über die Pflegepersonaluntergrenzen für das Jahr 2019 gestalteten sich schwierig und führten letztlich zur Ablehnung eines vom BMG moderierten Kompromisses durch den DKG-Vorstand. Damit waren die Verhandlungen der Selbstverwaltungspartner gescheitert und das BMG erließ die Pflegepersonaluntergrenzen per Rechtsverordnung (Pflegepersonaluntergrenzen-Verordnung (PpUGV) für das Jahr 2019 vom 05.10.2018).

---

11 Vgl. Richtlinie des G-BA über Maßnahmen zur Qualitätssicherung der Versorgung von Früh- und Reifgeborenen gemäß § 136 Abs. 1 Nr. 2 SGB V in Verbindung mit § 92 Abs. 1 Satz 2 Nr. 13 SGB V (Qualitätssicherungs-Richtlinie Früh- und Reifgeborene/ QFR-RL), abrufbar auf www.g-ba.de.

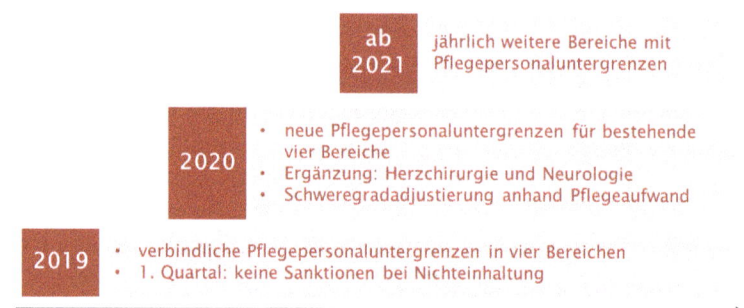

Abbildung 3: Weiterentwicklung der Pflegepersonaluntergrenzen
Quelle: GKV-Spitzenverband, eigene Darstellung

Um der Weiterentwicklung und Ausweitung der Pflegepersonaluntergrenzen eine sichere Basis zu bereiten, wurde die Erhebung und Auswertung der notwendigen Daten explizit durch das PpSG geregelt und dem InEK als Aufgabe übertragen. Ende Januar 2019 wurden für eine Stichprobe knapp 800 Krankenhäuser gezogen, die dann bis Ende Mai 2019 stations- und schichtgenaue Daten zur Pflegepersonalausstattung und Patientenbelegung zu liefern hatten. Insgesamt lagen über 23.000 verwertbare Daten vor.

Obwohl in den intensiven Verhandlungen der Selbstverwaltungspartner über Pflegepersonaluntergrenzen für das Jahr 2020 wieder eine weitgehend geeinte Kompromisslösung erarbeitet werden konnte, lehnte der DKG-Vorstand die Personalgrenzwerte erneut ab. Das BMG war damit gefordert, die Pflegepersonaluntergrenzen erneut per Rechtsverordnung festzulegen (Pflegepersonaluntergrenzen-Verordnung (PpUGV) für das Jahr 2020 vom 28.10.2019).

Die Werte (siehe Tab. 4) orientierten sich im Wesentlichen an den Erhebungen des InEK, wurden jedoch im Detail vom Bundesgesundheitsminister verändert (sogenannte „Spahnsche Empirie").

Ursächlich für das Scheitern der Verhandlungen war eine grundsätzliche Anti-PpUG-Positionierung der DKG. Die DKG lehnt inzwischen jede Ausweitung der Pflegepersonaluntergrenzen ab. Sie gab im März 2019 überraschend bekannt, gemeinsam mit ver.di und dem Deutschen Pflegerat (DPR) an der Entwicklung eines Instruments für eine bedarfsgerechte Pflegepersonalausstattung in Krankenhäusern zu arbeiten (vgl. Gaß, G. 2020). Das Ziel sei, auf Basis wissenschaftlich fundierter Erkenntnisse ein Instrument zu entwickeln, das die Pflegepersonalausstattung eines gesamten Krankenhauses aus dem Pflegebedarf der Patienten ableitet. Es solle verschiedene Korridore geben: einen grünen Bereich,

Der deutsche Krankenhausmarkt- schlecht reguliert 81

Tabelle 4: Übersicht der Pflegepersonaluntergrenzen gemäß PpUGV für das Jahr 2019 und für das Jahr 2020

	PpUGV 2019 vom 05.10.2018				PpUGV 2020 vom 28.10.2019			
	Maximale Anzahl von Patienten je Pflegekraft		Maximaler Anteil von Pflegehilfs- kräften		Maximale Anzahl von Patienten je Pflegekraft		Maximaler Anteil von Pflegehilfs- kräften	
	Tag	Nacht	Tag	Nacht	Tag	Nacht	Tag	Nacht
Intensivmedizin	2,5	3,5	8 %	8 %	2,5	3,5	8 %	0 %
Geriatrie	10	20	20 %	40 %	10	20	15 %	20 %
Unfallchirurgie	10	20	10 %	15 %	10	20	10 %	15 %
Kardiologie	12	24	10 %	15 %	10	20	10 %	10 %
Neurologie	-	-	-	-	10	20	10 %	8 %
Neurol. Schlaganfall	-	-	-	-	3	5	0 %	0 %
Neurol. Frühreha	-	-	-	-	5	12	10 %	8 %
Herzchirurgie	-	-	-	-	7	15	5 %	0 %

Quelle: Daten: PpUGV 2019, 2020; eigene Darstellung

wenn die vorgegebene Pflegepersonalausstattung eingehalten wird, einen gelben Bereich, wenn die vorgegebene Pflegepersonalausstattung nicht eingehalten wird, aber sich noch in einem akzeptablen Bereich befindet, und einen roten Bereich, wenn eine gewisse Mindestpersonalausstattung unterschritten wird. Letzteres lässt sich als eine Art Pflegepersonaluntergrenze auf Ganzhausebene verstehen.

Der Konflikt zwischen DKG und GKV führt zum schwierigen Vergleich von Personaluntergrenzen versus Personalanhaltszahlen. Personaluntergrenzen definieren die Grenze zur Patientengefährdung. Damit stellen sie per se keinen Indikator für eine gute Versorgung dar, allenfalls für eine gerade noch ausreichende Versorgung, um eine Patientengefährdung durch Personalmangel zu vermeiden. Personalanhaltszahlen hingegen geben Aufschluss über ein Versorgungsoptimum, das es zu erreichen gilt. Damit reflektieren Personalanhaltszahlen aber auch immer die finanziellen Möglichkeiten und Ansprüche einer bestimmten historischen Situation.

Fraglich ist, welche Konsequenzen folgen können, wenn Personalanhaltszahlen nicht erreicht werden. Unter der Annahme, dass diese ein Versorgungsoptimum definieren, sind harte Konsequenzen, wie hohe Vergütungsabschläge,

Vergütungsausschluss oder Schließung, nicht vertretbar. Öffentliche Transparenz hingegen eignet sich, um über die Einhaltung bzw. Nichteinhaltung von Personalanhaltszahlen zu informieren. Die Transparenz bleibt allerdings oft folgenlos.

Bei Personaluntergrenzen hingegen steht die Patientensicherheit im Vordergrund, nicht die Budgetsicherung. Anders als bei Personalanhaltszahlen rechtfertigt die Unterschreitung einer Personaluntergrenze eine konsequente Sanktionierung. Denn wer eine Patientengefährdung durch eine zu niedrige Personalausstattung in Kauf nimmt, muss mit harten Konsequenzen rechnen. So sind bei einer Unterschreitung der Pflegepersonaluntergrenzen und der Untergrenze des Pflegepersonalquotienten (PpQ) als Sanktionen Vergütungsabschläge oder Fallzahlverringerungen vorgesehen. Bei einer Nichterfüllung der Personalvorgaben der QFR-RL und der Personalausstattung Psychiatrie und Psychosomatik-Richtlinie (PPP-RL)[12] droht sogar der Vergütungsausschluss.

In der Zusammenschau beider Grundformen von Personalvorgaben – Personaluntergrenzen und Personalanhaltszahlen – lässt sich festhalten, dass im Falle einer anhaltend schlechten Versorgungssituation die Festlegung von Personaluntergrenzen eine sinnvolle Qualitätssicherungsmaßnahme darstellt, um Patientengefährdung zu vermeiden. Auch die Entwicklung eines bedarfsorientierten Personalbemessungsinstruments kann eine effektive Maßnahme sein, um die bedarfsgerechte Steuerung knapper Ressourcen, wie Pflegekräfte, zu verbessern. Sie ersetzt aber keine verbindliche Mindestpersonalvorgabe, die die Patientensicherheit stations- und schichtbezogen sicherstellt.

Das zentrale Argument gegen eine dezidierte Erfassung pflegerischer Leistungen ist der zusätzliche bürokratische Aufwand. Eine verbindliche Wiedereinführung der PPR würde dazu führen, dass täglich rund 400.000 Patienten eingestuft werden müssten. Im digitalen Zeitalter ist das nicht mehr akzeptabel, zumal viele Informationen aus bereits vorliegenden Daten abgeleitet werden könnten (Diagnosen, OP-Tag). Der Erfassungsaufwand reduziere angeblich die Zeit, die für die Patienten zur Verfügung steht. Das Argument verfängt allerdings nur, wenn die Erfassung von Pflegeleistungen zusätzlich zur normalen Dokumentation erfolgen muss. Würden die Pflegeleistungen digital in einer elektronischen Patientenakte erfasst, so wären diese (und damit die Einhaltung von Personalmindestvorgaben, wie Pflegepersonaluntergrenzen) ohne zusätzlichen

---

12 Vgl. Richtlinie des G-BA über die Ausstattung der stationären Einrichtungen der Psychiatrie und Psychosomatik mit dem für die Behandlung erforderlichen therapeutischen Personal gemäß § 136a Abs. 2 Satz 1 SGB V (Personalausstattung Psychiatrie und Psychosomatik-Richtlinie/PPP-RL), abrufbar auf www.g-ba.de.

- Ziel: Doppelerfassung vermeiden!
- Umsetzung: Einmalige elektronische Erfassung, Ableitung von Pflegebedarf und Pflegeleistung durch Datenexport aus der digitalen Pflegedokumentation
- Die komplette Risikoadjustierung muss sich aus der Pflegedokumentation ableiten lassen – nicht nur die „PKMS-Fälle".

Abbildung 4: Digitale Pflegedokumentation
Quelle: GKV-Spitzenverband, eigene Darstellung

Erfassungsaufwand aus dieser ableitbar. Eine Berücksichtigung pflegerischer Leistungen in der Vergütungssystematik sollte deshalb nach diesem Vorgehen erfolgen (siehe Abb. 4):

1. Eine verbindliche Dokumentation pflegerischer Leistungen erfolgt in einer elektronischen Akte in einer Art einheitlicher Minimaldatensatz.
2. Aus der elektronischen Akte wird ein Pflegescore abgeleitet, der Pflegebedarf und Pflegeleistungen abbildet.
3. Ergebnisse des Pflegescores dienen als Trigger im DRG-System und zur Risikoadjustierung bei Pflegepersonaluntergrenzen, ggf. auch für Pflegeanhaltszahlen.

Angesichts der Tatsache, dass eine elektronische Pflegedokumentation in Deutschland noch nicht Standard ist, handelt es sich um ein mehrjähriges, aber überfälliges Projekt. Anders wird die Abbildung der Pflege in Vergütung und Qualitätssicherung nicht zu erreichen sein. Bei der Klassifikation pflegerischer Leistungen kann auf Vorarbeiten der European Nursing care Pathways (ENP)[13] zurückgegriffen werden. Eine Ablösung des Pflegekomplexmaßnahmen-Scores (PKMS) ist erst dann sinnvoll, wenn eine solche digital unterstützte Pflegedokumentation etabliert worden ist.

---

13 Vgl. https://www.recom.eu/klassifikationen/european-nursing-care-pathways.html, abgerufen am 20.02.2020.

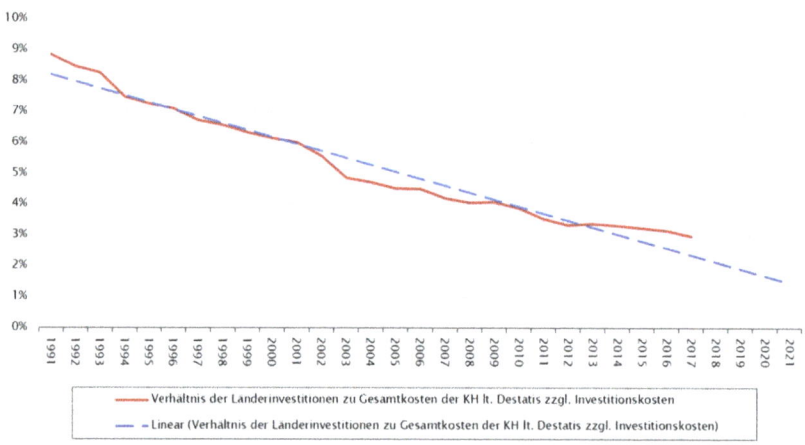

Abbildung 5: Rückläufige Investitionen der Bundesländer (1991 bis 2017)
Quelle: GKV-Spitzenverband, Daten: Umfrage der AG Krankenhauswesen der AOLG[14] und Statistisches Bundesamt, eigene Darstellung

4. Krankenhauslandschaft

Die rückläufigen Krankenhausinvestitionen sind ein seit mehreren Jahrzehnten konsequenzenlos diskutiertes Thema. Der Anteil der Länder an den Krankenhausausgaben liegt inzwischen bei drei Prozent und lohnt eigentlich keine ökonomische Debatte mehr (siehe Abb. 5).

Gelegentlich kommt noch der Hinweis, dass die Investitionstätigkeit in den einzelnen Bundesländern unterschiedlich sei. Ein Blick auf die Endwicklung zeigt jedoch: Alle Länder sind gleich! Sie zahlen alle keine ausreichenden Investitionsmittel mehr (siehe Abb. 6).

Vielfach dargestellt wurde die Quersubventionierung der Investitionen aus den DRG-Erlösen und die daraus folgende Ausgabensteigerung bei Krankenhausausgaben der Krankenkassen. Was aber noch nicht recht ins Bewusstsein gerückt ist, ist die Tatsache, dass den Ländern durch ihren Abschied aus der Investitionsfinanzierung die Krankenhausplanung entglitten ist. Es gibt keine landesplanerisch gestaltete Krankenhauslandschaft in Deutschland mehr. Selbst wenn es vernünftige, qualitätsorientierte Pläne gäbe (was nicht der Fall ist), dann hätten die Länder heute keine Chance mehr, sie durchzusetzen.

---

14 AOLG - Arbeitsgemeinschaft der Obersten Landesgesundheitsbehörden

Der deutsche Krankenhausmarkt- schlecht reguliert 85

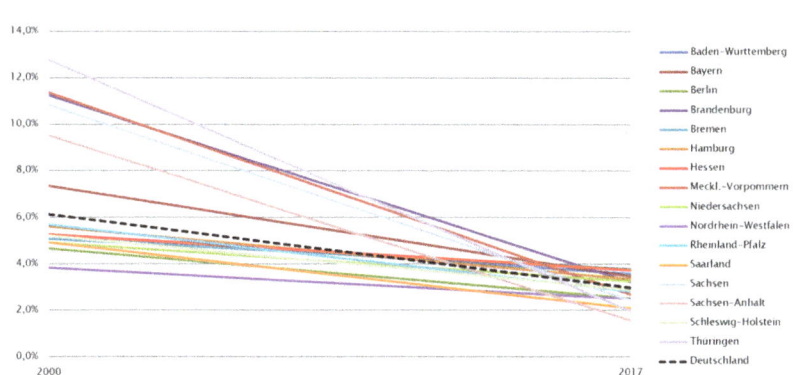

Abbildung 6: Investitionstätigkeit in den einzelnen Bundesländern (2000 bis 2017)
Quelle: GKV-Spitzenverband, Daten: Umfrage der AG Krankenhauswesen der AOLG und Statistisches Bundesamt, eigene Darstellung

Angenommen, es wäre medizinisch und ökonomisch sinnvoll, ein bestehendes Haus von Helios und ein zweites des Roten Kreuzes zu schließen und stattdessen ein neues Haus an einem besser geeigneten Standort zu bauen - sofern Helios und das Rote Kreuz dies nicht wollen, hat das Land keinerlei Durchsetzungsmöglichkeit für diesen Plan. Den Gerichten würde die Belegung der Häuser als Beweis für die Bedarfsnotwendigkeit reichen und beide blieben wie bisher im Krankenhausplan.

Die meisten Menschen stellen sich Krankenhausplanung wie Schulplanung vor, also wie einen ordnungspolitischen Bereich, in dem das Land autonom entscheidet, wo Schulen gebaut und geschlossen werden. Die staatlichen Behörden sind in diesem Bereich, wo auch die Trägerschaft fast durchgängig staatlich ist, quasi vollständig Herr des Verfahrens. Im Krankenhausbereich ist das (wie das Beispiel zeigt) mitnichten so. Die Krankenhausträger (!) entscheiden hier weitestgehend autonom über das Versorgungsgeschehen. Ihre Aktivität ist eigentums- und wirtschaftsrechtlich geschützt.

Also muss man endlich der Tatsache ins Auge sehen, dass Krankenhausversorgung ein Markt ist – ein Markt, bei dem das Geschehen zunehmend durch Regulierungsbehörden auf Bundesebene bestimmt wird. Abbildung 8 stellt die Diskrepanz zwischen öffentlicher Wahrnehmung und tatsächlicher Regulierung dar.

Der Kinderglaube	Die Wirklichkeit
▶ Ein fürsorglicher Landesvater baut Krankenhäuser überall dort, wo die Landeskinder dies benötigen.	▶ Der G-BA als Regulierungsbehörde definiert die Erreichbarkeiten und damit die notwendigen Krankenhausstandorte.
▶ Er achtet auf Trägervielfalt.	▶ Das Kartellamt als Regulierungsbehörde regelt die Trägervielfalt.
▶ Er passt auf, dass die Behandlung überall gut ist.	▶ Der G-BA und das IQTIG überwachen als Regulierungsbehörden die Qualität.

Abbildung 7: Landesplanung ein Ammenmärchen
Quelle: GKV-Spitzenverband, eigene Darstellung

Es vollzieht sich ein Weg von der Landesplanung zur algorithmischen Marktregulierung (vgl. Leber, W.-D. 2018b; Leber, W.-D., Scheller-Kreinsen, D. 2018). Beispielhaft sei die Neufassung des § 136c SGB V im Krankenhausstrukturgesetz (KHSG) genannt. Der G-BA hatte erstmals bundeseinheitliche Vorgaben zur Sicherstellung von Krankenhäusern zu beschließen und zu befinden über Erreichbarkeit, Versorgungsbedarf und Vorhaltung. Es wurde ein Algorithmus zur Sicherstellung beschlossen, nach dem jüngst auch die rund 50 Mio. Euro für ländliche Krankenhäuser verteilt wurden. Die Digitalisierung erlaubt inzwischen die Berücksichtigung lokaler Verhältnisse aus der Google-Earth-Perspektive sehr viel treffender als kommunal- und landespolitischer Klüngel.

Dieser Weg zur bundesweiten Marktregulierung setzt sich unaufhaltsam fort: Der G-BA hat (was Länder nicht geschafft haben) erstmals einheitliche Notfallstufen für Krankenhäuser definiert (siehe Abb. 8). Mindestmengen werden ebenfalls eine strukturpolitische Bedeutung erlangen. Weitere Beispiele sind G-BA-Strukturrichtlinien und die Definition medizinischer Zentren.

▶ Insgesamt erfüllen 1.210 Standorte mindestens die Kriterien der Basisnotfallversorgung oder der Module (69 %).

▶ 538 Standorte erfüllen nicht die Kriterien der Basisnotfallversorgung oder der Module (31 %).

▶ Die teilnehmenden Standorte haben in der Vergangenheit 95 % der Notfälle nachts und am Wochenende versorgt!

Achtung!
Es geht nicht um das Überleben von Kliniken.
Es geht um das Überleben von Patienten.

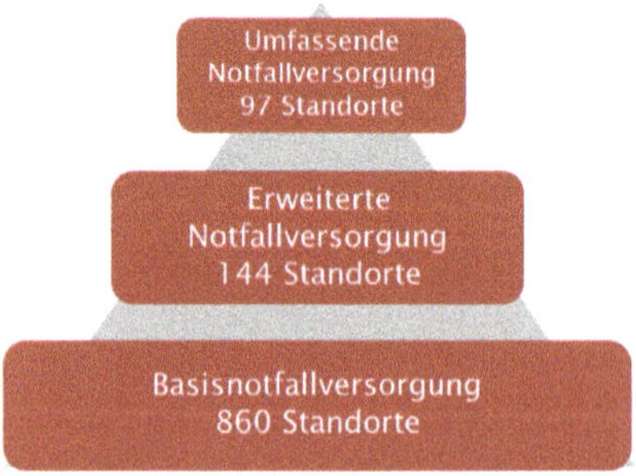

Umfassende Notfallversorgung
97 Standorte

Erweiterte Notfallversorgung
144 Standorte

Basisnotfallversorgung
860 Standorte

Grafik: Teilnahme an der allgemeinen Notfallversorgung nach Stufen (n = 1.101; 63 %)

Abbildung 8: Notfallstufen
Quelle: GKV-Spitzenverband, eigene Darstellung

Bemerkenswert an der Folgenabschätzung der Notfallversorgung ist übrigens, dass über 500 Standorte die Basiskriterien (Innere Medizin, Chirurgie, sechs Intensivbetten und Facharztverfügbarkeit in 30 Minuten) nicht erfüllen. Wie oft sind Patienten in solche Häuser eingeliefert worden?

Die Definition von Notfallstufen ist übrigens auch der erste Schritt zur bundesweiten Regulierung der Notfallversorgung gewesen, auf die im Folgenden näher eingegangen wird.

5. Reform der Notfallversorgung

In der Notfallversorgung besteht akuter Reformbedarf: Jährlich werden abertausend von Patienten per Rettungswagen ins Krankenhaus gefahren, obwohl eine ambulante Behandlung völlig ausreichend wäre. Die Notfallaufnahmen sind zum Teil überlaufen, weil das vertragsärztliche Notdienstsystem nicht funktioniert. Tausende schwer erkrankte oder verletzte Patienten werden in Krankenhäuser gefahren, die für den jeweiligen Notfall nicht richtig ausgestattet sind. Es verbietet sich, von einem bewährten System zu reden.

Am 18.12.2018 hatte der Bundesgesundheitsminister zunächst Eckpunkte zur Reform der Notfallreform vorgelegt. Sie sahen gemeinsame Notfallleitstellen vor (noch ohne Aspekte einer Digitalisierung), machten die Notfallversorgung zu einem Teil des Gesundheitswesens und etablierten vor den Krankenhäusern Integrierte Notfallzentren (INZ). Eine Grundgesetzänderung sollte den Rettungsdienst in den Bereich der konkurrierenden Gesetzgebung überführen.

Konkreter ausgeführt wurden diese Eckpunkte in einem Diskussionsentwurf zur Notfallreform ein halbes Jahr später (12.07.2019). Dieser diente vor allem zur Diskussion mit den Ländern, die insbesondere die Grundgesetzänderung quasi parteiübergreifend ablehnten. Ein Referentenentwurf wurde dann am 08.01.2020 vorgelegt. Auf diesen beziehen sich die folgenden Ausführungen.

Der von Gesundheitsminister Spahn vorgelegte Entwurf ist ein optimistisch stimmender Auftakt zur Neuordnung der Notfallversorgung, auch wenn er in einem Punkt weit hinter den Eckpunkten zurückbleibt. Die Grundgesetzänderung, die dafür gesorgt hätte, dass das Rettungswesen vom Bereich der Gefahrenabwehr in den Regelungsbereich des Gesundheitswesens hinübergewechselt wäre, fällt aus. Zu groß war offenbar der Widerstand der Innenministerien der Bundesländer. Der Diskussionsentwurf vom Sommer 2019 sah die Einfügung einer Nummer „12a die wirtschaftliche Sicherung des Rettungsdienstes" im Grundgesetz Artikel 74 Absatz 1 vor. Dies ist eine analoge Formulierung zu der seit Ende der 60er Jahre bestehenden Nummer „19a die wirtschaftliche Sicherung der Krankenhäuser". Rettungsdienst wäre also dem Krankenhauswesen mit seiner Kombination aus Bundes- und Landeszuständigkeit gleichgestellt worden.

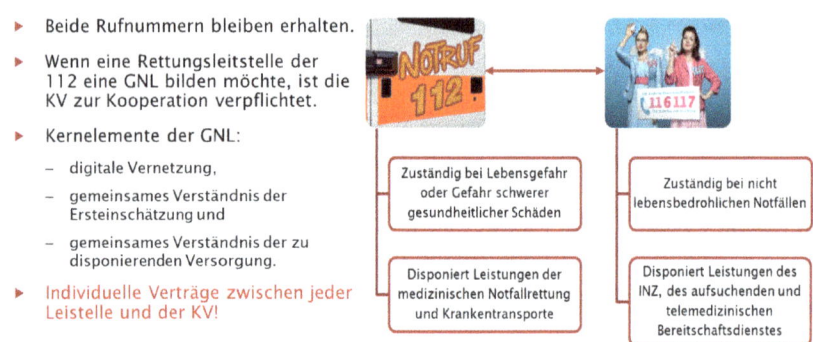

Abbildung 9: Gemeinsames Notfallleitssystem (GNL)
Quelle: GKV-Spitzenverband, eigene Darstellung

Zusammenführung von eins-eins-zwo und elf-sechs-elf-sieben

Zentraler Ansatz des Entwurfs ist ein Gemeinsames Notfallleitsystem (GNL), bei dem künftig die Notrufnummern 112 (Rettungsleitstellen) und 116 117 (Kassenärztliche Vereinigungen (KV)) zusammengeschaltet werden sollen (siehe Abb. 9). Aus der in den Eckpunkten vorgesehenen echten Fusion zu einer gemeinsamen Leitstelle ist allerdings eine eher virtuelle, digitale Zusammenschaltung geworden. Dies ist der fehlenden Grundgesetzänderung geschuldet. Dieser Mangel erklärt auch, warum die KV verpflichtet ist, mit der Notrufzentrale ein GNL zu schaffen, umgekehrt aber eine solche Verpflichtung nicht besteht. Es wird also weiterhin ein Flickenteppich über der deutschen Notfalllandschaft liegen. Wer auch immer den nächsten Koalitionsvertrag verhandelt, der sollte frühzeitig daran denken, die überfällige Grundgesetzänderung nachzuholen.

Digitalisierung des Rettungswesens

Das Rettungswesen in Deutschland ist derzeit regional zersplittert und digital völlig rückständig. Oft endet der Horizont der Leitstellen schon an der Kreisgrenze. Während man heute im Internet in Echtzeit jede Dschunke auf den sieben Weltmeeren identifizieren kann, haben die Leitstellen nicht einmal die deutschen Rettungsmittel auf dem Schirm. In der Logistik ist heute eine minutengenaue Paketverfolgung möglich, im Rettungswesen kennen wir nicht einmal die Zahl der Rettungsfahrten je Jahr.

Der Referentenentwurf sieht deshalb eine Anschubfinanzierung für Softwarelösungen der Rettungsleitstellen (112) mit einem einmaligen Fördervolumen von 25 Mio. Euro. Die Mittel sollen im Umlageverfahren über den GKV-Spitzenverband nach KM6-Statistik erhoben und auf die Länder nach Königsteiner Schlüssel verteilt werden. Förderbedingungen sind jeweils eine Finanzierungsbeteiligung der Länder (mindestens 50 Prozent) und die Einhaltung von G-BA-Vorgaben zur Kooperation und digitalen Vernetzung.

Begrüßenswert ist die Einführung einer bundesweiten Notfallstatistik. Auch hier hat der G-BA eine zentrale Rolle durch Vorgaben zur bundesweit einheitlichen Datenerfassung mit Erfassung der Hilfeersuchen, die von den GNL entgegengenommen werden, der Leistungen der medizinischen Notfallrettung und nachgehend der Leistungen der INZ. Relativ unklar ist im Entwurf noch der Zugang zu den Daten und die Öffnung des Datenbestandes für Forschungszwecke. Insgesamt ist dies jedoch ein wichtiger Schritt zur künftigen Optimierung des gesamten Rettungsdienstes.

Rettungseinsatz vor Ort

Mit dem Gesetzentwurf wird die medizinische Notfallrettung Teil des Gesundheitswesens. Künftig umfasst sie nicht nur die Rettungsfahrten ins Krankenhaus, sondern auch die Versorgung am Notfallort. Damit ist es nicht mehr – wie heute – erforderlich, dass der Patient zur Abrechenbarkeit eines Rettungswageneinsatzes ins Krankenhaus gefahren wird. Die Fahrt ins Krankenhaus erübrigt sich, wenn sich nach Einschätzung von Notfallsanitätern und Notarzt herausstellt, dass der Patient in häuslicher Umgebung ausreichend versorgt werden konnte. Das war eine überfällige Neuregelung, die nicht unerheblich dazu beitragen könnte, dass Notaufnahmen entlastet und unnötige Krankenhausaufenthalte vermieden werden können.

Integrierte Notfallzentren vor den Toren der Krankenhäuser

Skepsis ist bei der Neuordnung der Notaufnahmen angezeigt. Der Gesetzentwurf orientiert sich hier stark an den Vorschlägen des Sachverständigenrates, der quasi den Zugang zum Krankenhaus durch sogenannte „Integrierte Notfallzentren (INZ)" abriegeln will. Im Eingangsbereich der Krankenhäuser sollen in Trägerschaft von KV und Krankenhaus neue Einheiten entstehen, die fallabschließend die ambulant behandelbaren Patienten versorgen und nur jene Patienten weiterleiten, bei denen ein stationärer Aufenthalt unvermeidlich ist. Bei der Zentralen Notaufnahme (ZNA) würden lediglich die stationär zu versorgenden Fällen ankommen. Näheres zur Errichtung, Organisation und Betrieb regeln KV und Krankenhaus in einer Kooperationsvereinbarung, die den Vorgaben des G-BA zu folgen hat.

Es sind Zweifel angebracht, ob dieses Modell funktionieren kann. Man stelle sich vor, dass an 800 Krankenhäusern solche INZ eingerichtet werden. Dann benötigt man zur Aufrechterhaltung des vorgesehen 24/7-Bereitschaftsdienstes volumenmäßig weit über 4.000 Kassenärzte, die ihre bisherige Praxis aufgeben und künftig im INZ vor den Toren eines Krankenhauses tätig werden. Dem Gesetzentwurf zufolge ist auch die Beschäftigung von Krankenhausärzten möglich, aber das INZ soll unter Leitung der KV stehen. Darauf hatten die Krankenhausärzte schon immer gewartet! Der Ansatz, all jene Patienten ambulant zu versorgen, bei denen dies möglich ist, mag ja richtig sein, aber es bleiben doch Zweifel, dass dies in überschaubarer Zeit umsetzbar sein wird.

Die INZ-Leistungen sollen von den Krankenkassen extrabudgetär finanziert werden. Die Vergütung soll sich zusammensetzen aus fallzahlunabhängiger Grundpauschale zur Deckung der Vorhaltekosten und nach Schweregrad differenzierten Pauschalen je Inanspruchnahme. Es erfolgt eine Bereinigung der morbiditätsorientierten Gesamtvergütung (MGV), wobei unklar ist, ob es sich um eine einmalige oder eine fortlaufende Bereinigung handelt. Abrechnungsstelle im Land ist die KV, was ebenfalls zeigt, dass es sich um eine stark KV-orientierte Lösung handelt. Eine von den Krankenhäusern wiederholte eingeforderte, neue Vergütungsregelung für die Notfallaufnahmen der Krankenhäuser fehlt.

Gesundheitspolitisch interessant ist die Tatsache, dass im Entwurf des BMG zur Reform der Notfallversorgung eine klare KV-Dominanz den Text beherrscht: Die KV versorgt die ambulanten Fälle und schützt die Patienten vor den Krankenhäusern. In den bislang bekannt gewordenen Textpassagen der Bund-Länder-Arbeitsgruppe hingegen wird ein im Grundsatz Krankenhaus-dominiertes Versorgungsmodell verfolgt: Die Krankenhäuser dürfen alles: Ambulante Fälle behandeln, sich selbst umwandeln oder auch weiterhin als eine Art ambulantes Krankenhaus existieren – alles mit dem Hinweis darauf, dass die kassenärztliche Versorgung nicht mehr sichergestellt sei. Eine Zeit ambulant-stationärer Grabenkämpfe liegt vor uns.

Möglicherweise bleibt am Ende das minimalinvasive Modell der Kassen übrig: Die KV garantiert, dass im Eingangsbereich von Krankenhäusern, die Notfälle aufnehmen, eine KV-Notfallpraxis existiert – mit „hauptamtlichen Notfallärzten" (siehe Abb. 10). Das Krankenhaus garantiert, dass dafür Räume und technische Unterstützung vorhanden sind. An einem gemeinsam betriebenen Tresen erfolgt die Triage: Wer nach Ersteinschätzung voraussichtlich fallabschließend ambulant behandelt werden kann, wird in die KV-Notdienstpraxis

Der deutsche Krankenhausmarkt- schlecht reguliert   91

▶ Die SVR-Idee eines rechtlich
  unabhängigen Notfallzentrums wird
  nicht funktionieren.

▶ Aber:
  – Jedes Krankenhaus mit
    Notfallambulanz sollte eine
    KV-Notarztpraxis haben.
  – KV und Krankenhaus haben einen
    gemeinsamen Tresen zur
    Ersteinschätzung.

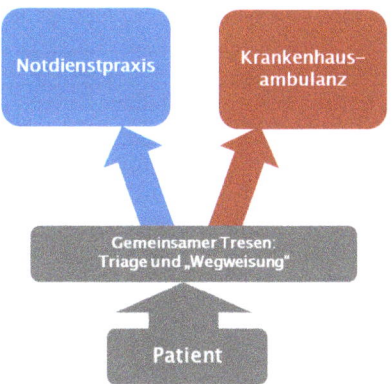

Abbildung 10: Gemeinsamer Tresen
Quelle: GKV-Spitzenverband, eigene Darstellung

geleitet; Fälle, bei denen nach Ersteinschätzung eine Krankenhauseinweisung notwendig ist, kommen in die ZNA. Letztere wird damit nicht mehr durch leichte Fälle belastet. Zur Verhinderung unnötiger, rein ökonomisch motivierter Einweisungen bleibt die Fehlbelegungsprüfung das Mittel der Wahl.

Notfallversorgung endlich G-BA-fähig

Auch wenn die fehlende Grundgesetzänderung einen ordnenden Zugriff auf alle Bestandteile des Rettungswesens verhindert, so verfolgt der Gesetzentwurf gleichwohl eine Linie der bundespolitischen Strukturierung. Einem historischen Trend folgend hat der G-BA nach dem Gesetzgebungsverfahren mehr zu tun als vor dem Gesetz. Der Entwurf enthält sechs neue Aufgaben für den G-BA (siehe Tab. 5): Definition der Kooperationsverpflichtung beim GNL und Vorgaben zur digitalen Vernetzung, Vorgaben zur bundeseinheitlichen Statistik, Regeln zur Rettungsfahrt in spezialisierte Krankenhäuser, Auswahlregeln für die INZ-Standorte sowie INZ-Qualitätsanforderungen. Das alles ist hoch vernünftig, gibt aber auch einen Hinweis darauf, dass die Reform der Notfallversorgung ein mehrjähriger Vorgang sein wird.

Absehbar ist, dass die Reform erhebliche Turbulenzen verursachen wird. Leitstellen zu schließen, ist nicht einfacher als das Schließen von Krankenhäusern. Jedes Krankenhaus, dem droht, von der Notfallversorgung abgeschnitten zu werden, wird den Klageweg beschreiten – und sei die Konzentration der Notfallversorgung für das Überleben der Patienten noch so sinnvoll.

Tabelle 5: Notfallversorgung: Aufträge an den G-BA

Thema	Auftrag an den G-BA
Gemeinsames Notfallleitsystem	Definition der Kooperationsverpflichtungen zwischen GNL, Leistungserbringern der medizinischen Notfallrettung und INZ
Gemeinsames Notfallleitsystem	Vorgaben zur digitalen Vernetzung der GLN mit den Leistungserbringern der medizinischen Notfallversorgung (gemeinsam mit der gematik)
Notfallstatistik	Vorgaben zur bundeseinheitlichen Erfassung der medizinischen Notfallversorgung („Notfallstatistik")
Medizinische Notfallrettung	Festlegung, in welchen Fällen aus Gründen der zielgerichteten Behandlung ein spezialisiertes Krankenhaus vom Rettungsdienst anzufahren ist
Integrierte Notfallzentren	Bedarfsbezogene Planungsvorgaben zur Bestimmung der INZ-Standorte
Integrierte Notfallzentren	Qualitätsanforderungen an die Leistungserbringung in INZ: • Räumliche, personelle und apparative Ausstattung • Ersteinschätzungsverfahren • Umfang der notdienstlichen Versorgung im INZ

Quelle: GKV-Spitzenverband, eigene Darstellung

6. Fazit

Die Bemühungen um eine bessere stationäre Versorgung ergeben kein einheitliches Bild. Für die dargestellten Entwicklungstendenzen sei gleichwohl ein Fazit formuliert:

1. Pflege ist die zentrale Herausforderung dieser Legislatur – vor allem die Altenpflege.
2. Der „Pflexit" ist ein Fehler. Alles sieht danach aus, dass er durchgezogen wird.
3. Pflegepersonaluntergrenzen sind echter Patientenschutz. Mittelfristig kommen sie für alle Schichten und alle Stationen.
4. Landesplanung war gestern. Die Konsolidierung der deutschen Krankenhauslandschaft wird durch bundesweite Marktregulierung geschehen müssen.
5. Die Reform der Notfallversorgung ist überfällig. Ein Gemeinsames Notfallleitsystem ist sinnvoll. Die Ausgestaltung der Integrierten Notfallzentren ist noch diskussionsbedürftig.

Literatur

Gaß, G. (2020): PPR 2.0: Ablösung für die Pflegepersonaluntergrenzen. In: das Krankenhaus, 2.2020, Kohlhammer, Stuttgart: 114–117.

Leber, W.-D. (2018a): Freibier für die Pflege, in: www.BibliomedManager.de, Orientierungswerte, 14.08.2018, Bibliomed, Melsungen 2018, https://www.bibliomedmanager.de/zeitschriften/artikeldetailseite-ohne-heftzuweisung/36083-freibier-fuer-die-pflege/, abgerufen am 20.02.2020.

Leber, W.-D. (2018b): Krankenhauspolitik in der neuen Legislaturperiode – Die Sicht des GKV-Spitzenverbandes, in: Wille, E. (Hrsg.): Reformbedarf im Krankenhaus- und Arzneimittelbereich nach der Wahl. 22. Bad Orber Gespräche über kontroverse Themen im Gesundheitswesen. Reihe: Allokation im marktwirtschaftlichen System, Band 74, Peter Lang Internationaler Verlag der Wissenschaften, Berlin 2018: 11–45.

Leber, W.-D., Scheller-Kreinsen, D. (2018): Von der Landesplanung zur algorithmischen Marktregulierung. In: Klauber, J., Geraedts, M., Friedrich, J., Wasem, J. (Hrsg.): Krankenhaus-Report 2018, Schattauer, Stuttgart: 101–130.

Schreyögg, J., Milstein, R. (2016a): Expertise zur Quantifizierung der Pflegezahlen in Deutschland sowie zum Überblick über die normative Bestimmung des Pflegebedarfes in ausgewählten OECD-Ländern im Auftrag der Expertenkommission „Pflegepersonal im Krankenhaus" im Bundesministerium für Gesundheit (BMG). hche, Hamburg, https://www.bundesgesundheitsministerium.de/fileadmin/Dateien/5_Publikationen/Pflege/Berichte/Gutachten_Pflegebericht.pdf, abgerufen am 20.02.2020.

Schreyögg, J., Milstein, R. (2016b): Expertise zur Ermittlung des Zusammenhangs zwischen Pflegeverhältniszahlen und pflegesensitiven Ergebnisparametern in Deutschland im Auftrag des Bundesministeriums für Gesundheit (BMG). hche, Hamburg. https://www.bundesgesundheitsministerium.de/fileadmin/Dateien/5_Publikationen/Pflege/Berichte/Gutachten_Schreyoegg_Pflegesensitive_Fachabteilungen.pdf, abgerufen am 20.02.2020.

Michael Hennrich

Aktuelles aus der Arzneimittelpolitik

Die Arzneimittelpolitik stand im Jahr 2019 vor vielfältigsten Entwicklungen und Herausforderungen. Auf der einen Seite bildeten drängende Fragen rund um hoch innovative Arzneimittel für neuartige Therapien einen Schwerpunkt, auf der anderen Seite beschäftigte uns die Liefersicherheit von Arzneimitteln, was insbesondere die Versorgung mit generischen Produkten betrifft. Hinzukommen zahlreiche weitere Themen wie die Versorgung von Hämophiliepatienten, Biosimilars oder auch die Importförderklausel.

Das Gesetz für mehr Sicherheit in der Arzneimittelversorgung (GSAV)

Die Sicherheit in der Arzneimittelversorgung wurde im Jahr 2019 durch kriminelles Handeln einerseits und Problemen in der Produktion andererseits mehrfach in Frage gestellt.

Lunapharm, Valsartan, der Fall Bottrop und Brüggen-Bracht lauteten die Stichworte der Arzneimittelskandale, die Antworten erforderten und den Ausgangspunkt des GSAV darstellten.

Was war geschehen? Im Fall Lunapharm hatte der gleichnamige brandenburgische Parallel- und Großhändler mutmaßlich aus griechischen Krankenhäusern gestohlene Arzneimittel für die Krebstherapie bezogen, um sie anschließend in Deutschland in den Verkehr zu bringen. Als problematisch stellte sich dabei insbesondere heraus, dass zwischen Landes- und Bundesbehörden sowie EU-Ebene keine ausreichende Koordination stattfand.

Wenig später folgte der Verdachtsfall um den Wirkstoff Valsartan, der in mehreren blutdrucksenkenden Präparaten verwendet wird. Der Wirkstoff war bereits bei der Produktion bei einem chinesischen Zulieferer durch einen wahrscheinlich krebserregenden Stoff verunreinigt worden. In der Folge mussten zahlreiche Präparate von den Aufsichtsbehörden zurückgerufen werden. Mit diesem Fall offenbarten sich massive Qualitätsprobleme, die bei Wirkstoffherstellern in Drittstaaten auftreten können und für deren Kontrolle sich bisherige Standards der European Medicines Agency (EMA) als nicht ausreichend erwiesen.

Schließlich der Fall Bottrop: Hier wurde durch Ermittler Ende 2016 aufgedeckt, dass Zytostatika durch einen Apotheker vorsätzlich falsch deklariert und verdünnt abgegeben wurden. Der Fall zeigte die Anfälligkeit der Herstellung von Krebsarzneimitteln in Apotheken und machte deutlich, dass Kontrollen durch die Überwachungsbehörden intensiviert werden müssen, um dies zu unterbinden. In der Praxis eines Heilpraktikers in Brüggen-Bracht, der vierte Fall, der dem GSAV zugrunde lag, kam es zu drei Todesfällen bei der Behandlung von Krebspatienten. Als mögliche Todesursache wird die Infusion eines selbst hergestellten Arzneimittels angeführt.

Mit dem Gesetz für mehr Sicherheit in der Arzneimittelversorgung (GSAV) hat die Politik auf diese Fälle eine eindeutige Antwort gegeben. Es enthält umfangreiche Maßnahmen, um Lücken in der Überwachung zu schließen und das Vertrauen der Patienten in die Arzneimittelversorgung wieder zu stärken.

Die Maßnahmen ergänzen dabei ad hoc die ohnehin laufenden, verschiedenen Entwicklungen in puncto Arzneimittelsicherheit. Auf europäischer Ebene wurde ein neues Pharmakovigilanz-System etabliert, damit Neben- und Wechselwirkungen von Medikamenten schneller erkannt und dokumentiert werden können. Seit zwei Jahren ist die Rückverfolgbarkeit der sich auf dem Markt befindenden Arzneimittel bis hin zu einzelnen Chargen gewährleistet. Mit securPharm wurde außerdem ein deutschlandweites System zur Echtheitskontrolle von Arzneimitteln auf den Weg gebracht.

Mit dem GSAV haben wir nun an vielen Stellen die gesetzlichen Grundlagen nachgeschärft. Neben einer verstärkten Bund-Länder-Zusammenarbeit im Rahmen einer Informationspflicht bei Rückrufen beinhaltet das GSAV auch schlicht mehr eigene Rückruf- und Überwachungskompetenzen für den Bund. Damit einher geht eine Stärkung der Koordinierungsfunktion des Bundesinstituts für Arzneimittel und Medizinprodukte (BfArM) und des Paul-Ehrlich Instituts (PEI) bei Rückrufen. Krankenkassen erhalten bei Rückrufen zudem einen Schadensersatzanspruch aus abgetretenem Recht. Insgesamt wird die Zusammenarbeit zwischen Bundes- und Landesbehörden gestärkt. Zudem sollen Informationen über einzelne Wirkstoffhersteller von Fertigarzneimitteln öffentlich gemacht werden. Die Länder werden darüber hinaus verpflichtet, die zuständigen Bundesoberbehörden über geplante Inspektionen bei Herstellern von Arzneimitteln und Wirkstoffen in Drittstaaten zu informieren. Zur Erhöhung der Kontrolldichte sollen als weitere Maßnahme unangemeldete Inspektionen bei Apotheken durchgeführt werden.

Mit dem GSAV haben wir zudem die Förderung gesetzlicher Importe für Biologika gestrichen. Diese hatten sich nach verschiedenen Erkenntnissen aufgrund der Margen als Einfallstor für Medikamente aus zweifelhaften Quellen erwiesen. Dies werden wir zukünftig unterbinden.

Weiterhin sollen Biosimilars schneller in die Versorgung integriert werden. Dem Gemeinsamen Bundesausschuss (G-BA) haben wir hier eine Vorlaufzeit von drei Jahren eingeräumt, um eine aut-idem-Regel, einen Modus für einen automatischen Austausch in der Apotheke zu erarbeiten. Wichtige Fragen, beispielsweise wie genau die Substitution ablaufen soll, liegen damit in den Händen der Selbstverwaltung. Zur Umsetzung dieses Prozesses haben bereits erste Gespräche in der Selbstverwaltung stattgefunden.

Das Instrument der regionalen Zielvereinbarungen haben wir zudem verpflichtend gemacht. Insgesamt muss die Bilanz der Zielvereinbarungen bei Biosimilars als gut bis gemischt betrachtet werden, hier sind große regionale Unterschiede zu verzeichnen. Von Substitutionsanteilen bei beispielsweise Somatropin von 2,2 % bis hin zu 41,8 % im vergangenen Jahr erstreckt sich eine doch eher große Bandbreite in der Umsetzung zwischen den Bundesländern.

Schließlich – fachfremd an dieser Stelle – haben wir die Einführung des e-Rezepts weiter vorangetrieben: Die Selbstverwaltung wurde verpflichtet, die notwendigen Regelungen für die Verwendung des elektronischen Rezeptes zu schaffen, damit dieses fristgerecht 7 Monate nach dem Inkrafttreten des GSAV eingeführt werden kann.

Entwicklungen in der Hämophilieversorgung

Die Hämophilieversorgung ist ein Regelungskomplex, der uns intensiv beschäftigte. Grund dafür war eine neue Produktgruppe in Form von monoklonalen Antikörper, die für sich zu recht gleiche Marktzutrittschancen forderten. Dies hat die politische Entscheidung nach sich gezogen, den bisherigen Sondervertriebsweg nach § 47 AMG abzuschaffen. Zur Erinnerung, dieser stammt aus einer Zeit, als man noch mit Blutpräparaten arbeitete, um Erkrankten zu helfen. Damals hatte der Sondervertriebsweg absolut seine Berechtigung. Doch zeigen sich auch Schwächen, weil ein Teil der Patientinnen und Patienten nur unzureichend versorgt wurde.

Gleichzeitig aber nehmen wir die Sorge sehr ernst, dass die Zentren mit ihrem Versorgungsauftrag geschwächt werden könnten. Dies ist ausdrücklich nicht im Interesse des Gesetzgebers, keiner bestreitet die Kompetenz der Zentren und die Notwendigkeit, diese im Interesse der Betroffenen zu erhalten. Nicht nur in der Anhörung, sondern auch in zahlreichen Einzelgesprächen hatte sich herauskristallisiert, dass die Neuregelung – entgegen der ursprünglichen Befürchtung – Chancen zu einer besseren Versorgung eröffnet. Insgesamt könnten die Zentren sogar eher gestärkt als geschwächt aus der aktuellen Phase hervorgehen, sofern die Versorgungsverträge wie geplant umgesetzt werden.

Die in den Verträgen vorgesehenen Änderungen beinhalten unter anderem, dass Patienten für die Versorgung mit Medikamenten nicht immer lange Wege auf sich nehmen müssen. Als Politiker sind wir aufgefordert, die Entwicklung weiter zu verfolgen. Dabei müssen wir uns im Klaren sein, dass wir es, ähnlich wie beim Arzneimittelneuordnungsgesetz (AMNOG), mit einem lernenden System zu tun haben. Eine Aufrechterhaltung des Sondervertriebsweges hingegen hätte keine Verbesserung in der Versorgung gebracht.

Der Preisabschlag von 7% nach ermittelndem Preis ist für die einzelnen Unternehmen eine Sonderbelastung. Diese Regelung ist im Kern unproblematisch. Und zwar sowohl im Hinblick auf den einheitlichen Vertriebsweg für die spezifische Therapie von Gerinnungsstörungen bei Hämophilie A. Aber auch hinsichtlich der Anpassung des Transfusionsgesetzes und der Transfusionsmeldeverordnung (§§ 14–21 Transfusionsgesetz). Auch der Zuzahlungsregelung gemäß § 3 Packungsgrößenverordnung steht hier nichts im Wege. Im Gegenteil: Die Zusammenfassung mehrerer Packungen zu einer Bezugseinheit spart weitere Zuzahlungskosten für Patienten.

Schon etwas komplexer ist die Lage mit Blick auf das Dispensierrecht der Ärzte im Notfall, das im § 43 AMG in Verbindung mit § 11 ApoG geregelt ist.

Am Ende bleibt es dabei: Die Krankenkassen schließen aktuell neue Versorgungsverträge nach § 132 i. Das entspricht dem Willen des Gesetzgebers nach mehr Kostentransparenz. Die Versorgungszentren haben bislang häufig Produkte eingekauft und anschließend einen höheren Preis in Rechnung gestellt – dieser Weg wird nun zurecht verstellt.

Die Anwendungsbegleitende Datenerhebung (AWDE) - RWD als ergänzende Grundlage für neue Preisverhandlung

Die Einführung einer anwendungsbegleitenden Datenerhebung nach § 35a Abs. 3b SGB V wurde – für mich wenig verständlich – von der Industrie teilweise in Frage gestellt.

Dabei ist die Intention der Maßnahme - mittels weiterer Evidenz aus Registerstudien den Zusatznutzen von Arzneimitteln besser quantifizieren zu können – durchaus sowohl im Sinne einer besseren Versorgung der Patienten als auch eine Chance für eine bessere Beweisführung durch die Industrie, was den Zusatznutzen angeht. Solche Real World Data (RWD) soll als ergänzende Grundlage für eine neue Preisverhandlung herangezogen werden. Angesichts der Veränderung in der Arzneimittelentwicklung hin zu hoch innovativen Medikamente mit immer spezifischerer Indikation und oftmals hohen Kosten für die Solidargemeinschaft ein begrüßenswerter Schritt.

Mit dem GSAV haben wir die Neuerung beschlossen, dass der G-BA für Beschlüsse gem. § 35a SGB V für Orphan Drugs (Arzneimittel für seltene Leiden) zukünftig auch eine anwendungsbegleitende Datenerhebungen fordern kann. Betroffen sind vor allem Arzneimittel, die von der Verordnung 726/2004 (Genehmigung von Arzneimitteln, Arzneimittelagentur) und 141/2000 (Behandlung seltener Erkrankungen) erfasst sind. Als „adaptive pathways" und „conditional approval" kann die anwendungsbegleitende Datenerhebung herangezogen werden, sofern tatsächliche Aussicht auf mehr Evidenz besteht.

Das Kriterium der Umsatzschwelle dürfte bei klassischen Orphans eher nicht erfüllt sein und würde eine absolute Ausnahme darstellen. Inwieweit hier die anwendungsbegleitende Datenerhebung sinnvoll ist, wird sich zeigen.

Und schließlich gibt es für die beschleunigte Arzneimittelzulassung klare Vorgaben. Verschiedene Auflagen und Bedingungen werden durch die EMA (Europäische Arzneimittel-Agentur) festgelegt. Darunter fällt zum einen die Verpflichtung, Studien einzuleiten oder abzuschließen, um nachzuweisen, dass das Nutzen-Risiko-Verhältnis positiv ist. Außerdem müssen offene Fragen zur Unbedenklichkeit, Qualität oder Wirksamkeit beantwortet werden. Wichtig ist in diesem Kontext die Verordnung 507/2006, insbesondere die Vorgaben der Art. 4 und 5: Das Nutzen-Risiko-Verhältnis muss positiv ausfallen, der Antragsteller außerdem in der Lage sein, umfassende klinische Daten nachzuliefern. Darüber hinaus muss die medizinische Lücke geschlossen werden können.

Register können jedoch kein Ersatz für randomisierte klinische Studien (RCT) sein, nur eine ergänzende Evidenz. Sie bleiben der Goldstandard. Daher sollte die Datenerhebung vorrangig auf Fälle konzentriert werden, bei denen Zulassungen auf Grundlage von einarmigen Studien erfolgten und auch keine RCTs zu erwarten sind oder durchgeführt werden können.

Das genaue Prozedere für die Erstellung und den Umgang mit den Registern arbeitet der G-BA mit Unterstützung des Instituts für Qualität und Wirtschaftlichkeit im Gesundheitswesen (IQWiG) zum Zeitpunkt der Erstellung dieses Textes noch aus.

Das IQWiG hat bereits im Mai den Auftrag erhalten, Konzepte zur Generierung versorgungsnaher Daten und deren Auswertung für die Nutzenbewertung zu erstellen. Ursprünglich sollte das Konzept bereits vorliegen, möglicherweise verzögert sich der Prozess aber bis ins neue Jahr. Am 6. Dezember gab es hierzu aber einen Workshop beim G-BA. Unter den rund 130 Teilnehmern befanden sich auch BfArM, PEI, BMG, IQWiG, AkDÄ, diverse Patientenvereinigungen sowie Pharmafirmen und –verbände. Am 31.12. erscheint außerdem ein Bericht zu den Registern, ausgestellt vom IQWiG.

Ziel des G-BA ist es, die Verfahrungsordnung bis 2020 dem Ministerium vorzulegen. Ein wichtiges Argument in der Diskussion ist auch, dass RWD nicht nur Evidenz untermauern, sondern auf der anderen Seite auch positive Befunde relativieren können. Register können mitunter so gut wie Studien sein – solche Erfahrungen liegen etwa aus Schweden vor.

Welche Endpunkte sind also belegt und welche nicht? Möglicherweise wird man sich auch europäischen Registern anschließen, auch diese Überlegung bleibt im Raum. Eine weitere Frage ist, welche Form von Register zu erwarten ist und wer dafür die Verantwortung trägt. Bei Arzneimitteln für neuartige Therapien (Advanced Therapy Medicinal Products, ATMP) ist meines Erachtens ein Indikationsregister zwingend– ein Produktregister hingegen sollte eher die Ausnahme sein, hier müsste zudem der Unternehmer selbst die anfallenden Kosten tragen. Das Indikationsregister müsste – auch das dürfte zwingend sein - ausgeschrieben werden, da weder G-BA noch IQWiG für das Führen der Register zuständig sind. Bei der Verwendung von Registern bei Geltendmachung einer Neuen Untersuchungs- und Behandlungsmethode wird juristisch zudem ein Bezug auf § 137 e schwierig werden. All diese und weitere Fragen müssen im nächsten Schritt noch geklärt werden.

ATMPs - medizinischen Fortschritt für Versicherte nutzbar machen

ATMPS stellen einen faszinierenden medizinischen Fortschritt dar. In ihnen fließen neue Technologien aus verschiedensten Bereichen von Chemie bis hin zur IT, Physik, Robotik und natürlich der Medizin zusammen.

Unsere Aufgabe ist es, diesen Fortschritt rechtlich zu fassen und geordnet für die Menschen nutzbar zu machen. Ein aktuelles Beispiel: Die Bild-Zeitung brachte am 21.10.2019 folgende Schlagzeile: „Krankenkasse übernimmt Kosten – Krankes Baby John bekommt die 2 Millionen-Spritze". Im Untertitel einige Hintergrundinformationen zu dem Fall: „Der Junge leidet an Spinaler Muskelatrophie vom schlimmsten Typ 1 – ein genbedingter Muskelschwund, der irgendwann dazu führt, dass er nicht mehr atmen kann. Lebenserwartung: 18 Monate! Einzige Rettung: eine Infusion mit dem teuersten Medikament der Welt: Zolgensma. Es kostet zwei Millionen Euro!" Der Fall verlangt schnelles und zugleich vorausschauendes Handeln von der Politik.

2019 waren bereits sieben ATMPS in der Anwendung. Bei anderen Anwendungen wurden Zulassungen herstellerseitig wieder zurückgezogen. Eine nicht abschließende Übersicht des Verbands der forschenden Pharma-Unternehmen (VfA) ergibt, dass sich bereits knapp 80 weitere Gentherapien bereits in Phase II oder III befinden. Es besteht also mehr denn je Handlungsdruck, die Standards für Anwendung und Abrechnung weiterzuentwickeln.

ATMPs befinden sich in einer komplizierten Grauzone zwischen Arzneimittel und neuer Behandlungsmethode (NUB). Das Bundessozialgericht stellte hier bei seiner Entscheidung auf den Anteil der ärztlichen Behandlung ab. Teilweise kommt es auch zu aufwendigen NUB-Einzelverhandlungen über Kostenerstattungen.

Hinzu kommt die NUB-Lücke, die ich als sehr problematisch betrachte. Außerdem bedürfte es einer Einzelfallgenehmigung durch die Krankenkassen. Ich gebe hierzu den Vorschlag des G-BA-Vorsitzenden Hecken zu bedenken, alle ATMPs qua juristischer Festlegung als Medikament einzuordnen. Hier steht die Möglichkeit im Raum, dass wir dies auch gesetzlich tatsächlich so umsetzen.

Ein weiterer Sorgenpunkt: Teile der Zulassung der Behandlungsmethode bei ATMPS stehen unter Länderaufsicht. Die Länderaufsicht wird in der Praxis unterschiedlich ausgeübt. Es liegen zudem verschiedentlich Berichte über Konflikte zwischen der EMA-Zulassung und der nationalen Herstellungserlaubnis vor. So stellte zum Beispiel das Landesamt für Gesundheit und Soziales in Berlin Forderungen, die mit dem EMA-genehmigten Prozess ggf. nicht immer kompatibel sind. Genehmigungen verzögern sich in der Folge erheblich, während in anderen Bundesländern bereits Behandlungen stattfinden. Angesichts der Schwere der Erkrankungen ist dies nicht akzeptabel. Das sind Themen, die wir noch gesetzlich einer Lösung zuführen müssen.

Für die Zukunft bleibt die Frage, ob wir neue Vergütungsmodelle oder gar ein neues Vergütungssystem benötigen. Das Pharmazie- und Biotechnologieunternehmen Gilead hat mit den CAR-T-Zelltherapien Yescarta einen „Outcome"-orientierten Vertrag mit den Ersatzkassen geschlossen. Novartis vereinbarte mit dem Kassendienstleister GWQ Service Plus für ganze 76 Betriebskassen einen „Pay-for-Outcome"-Vertrag. Zur weiteren Diskussion steht dabei auch das Modell der Techniker Krankenkasse (TK) zum dynamischen Evidenzpreis. Hierbei entscheidet der G-BA bereits sechs Monate vor der Zulassung von Arzneimitteln über jeweilige Verfahren. In anschließenden Phase-4-Studien wird dann ggf. mehr Evidenz durch RWD gewonnen. Dem Hersteller wird zunächst für 24 Monate ein Preis zugestanden, der auf einer Europa-Referenz beruht. Nach 24 Monaten folgt dann die Bildung eines evidenzbasierten Erstattungspreises. Offen ist auch, ob die erhoffte Heilung durch eine Einmal-Therapie tatsächlich von Dauer ist und wie Endpunkte bestimmt werden können. Hier müssen wir noch Lösungen erarbeiten.

Schließlich besteht im geltenden morbiditätsorientierten Risikostrukturausgleich (Morbi-RSA) eine Lücke: seltene Hochkostenfälle werden hier nicht abgebildet, das Kostenrisiko liegt allein bei der Kasse des versicherten Patienten. Durch das Faire-Kassenwettbewerbs-Gesetz (FKG) sowie eine Neubestimmung des Morbi-RSA gehen wir dieses Problem an.

Versorgungssicherheit

Die Thematik der Versorgungssicherheit mit Arzneimitteln hat die Gesundheitspolitik bereits in der Vergangenheit immer wieder beschäftigt. Auch ich habe die Problematik über die Zeit im Blick behalten. Mit dem GSAV haben wir erste Änderungen eingebracht, wie das Nachjustieren bei der Ausschreibung von Rabattverträgen und die Beendigung von Rabattverträgen für Grippeimpfstoffe. In diesem Jahr mussten wir eine Verschärfung des Problems feststellen, die neue Ansätze erforderlich machte. Stand Oktober 2019 waren 276 Lieferengpässe beim Bundesinstitut für Arzneimittel und Medizinprodukte (BfArM) gemeldet. Die AG Gesundheit der Unions-Bundestagsfraktion hat in der Folge schnell reagiert und ein neues Positionspapier zur Versorgungssicherheit erarbeitet, das ich federführend mitgestaltet habe. Hieran werden wir die weitere parlamentarische Arbeit zur Behebung des Problems ausrichten.

Politisch halte ich es für äußerst wichtig, hier eine Antwort zu geben, die den Menschen zeigt, dass der Staat handlungsfähig ist und sie vor Auswüchsen der Globalisierung zu schützen vermag. Bei den vorgeschlagenen Maßnahmen knüpfen wir dazu am bestehenden Jour fixe des BfArM an.

Für eine sichere und zuverlässige Versorgung mit Medikamenten – Lieferengpässen nachhaltig vorbeugen – Eckpunkte des Positionspapiers der Union

Das Positionspapier der AG-Gesundheit zählt Maßnahmen in allen Bereichen von der Herstellung über Preismodalitäten, Handel, Lagerhaltung und Fragen des Behördenmanagements auf, um die Liefersicherheit zu verbessern Um eine verbesserte Transparenz über das Liefer- und Marktgeschehen zu erreichen, haben wir vorgeschlagen, dass das BMG eine umfassende wissenschaftliche Studie hierzu in Auftrag gibt. Bei drohenden oder bestehenden Lieferengpässen versorgungsrelevanter Arzneimittel soll es zukünftig auch für den ambulanten Bereich eine verbindliche Meldepflicht geben. Welche versorgungsrelevanten Wirkstoffe genau von der Meldepflicht erfasst werden, soll der Jour fixe zu Liefer- und Versorgungsengpässen im BfArM festlegen.

Als weitere Maßnahme schlagen wir vor, entlang der Versorgungskette eine nationale Arzneimittelreserve zu schaffen. Wir beabsichtigen hierfür Regeln für eine längere Vorratshaltung bei versorgungsrelevanten Arzneimitteln einzuführen und wo es diese schon gibt, auszuweiten. Etwa möchten wir die Vorratshaltung in Krankenhausapotheken von zwei auf vier Wochen verlängern. Im ambulanten Bereich fordern wir die Vorratshaltung beim Hersteller und beim Großhändler ein und folgen damit der Anpassung gemäß § 52b Abs. 2 AMG. Was wir explizit nicht wollen, wären „Medikamentenbunker", also statische Lagerungssysteme

Im Falle bestehender Lieferengpässe könnte auch die Exportbeschränkung eine wirksame Maßnahme sein. Ein Instrument, das vorsichtig zu nutzen wäre: Wir möchten sie bei versorgungsrelevanten Arzneimitteln nur als ultima ratio für Großhändler und Apotheken mit Großhandelserlaubnis einsetzen. Europarechtlich steht dem nichts entgegen – in verschiedenen EU-Mitgliedsstaaten finden sich bereits ähnliche Regelungen.

Ein weiterer Punkt ist die Anpassung der Ausschreibungs- und Vergabemodalitäten. Im Rahmen einer angedachten Drei-Plus-Zwei-Regel könnte man übereinkommen, Rabattverträge nur auszuschreiben, wenn mindestens drei Anbieter und zwei Wirkstoffhersteller vorhanden sind. Die Vergabe würde dann auf mindestens zwei unterschiedliche Anbieter erfolgen, um eine größere Angebotsvielfalt zu erreichen. Eine weitere Überlegung besteht darin, Krankenkassen regional gemeinsam zur Ausschreibung von Rabattverträgen zu verpflichten – Ziel wäre es, die Vielzahl der abgegebenen Produkte bei oft identischem Wirkstoff zu verringern. Um den Standort EU zu stärken, könnte eine Herstellung auf unserem Kontinent im Festbetragssystem positiv berücksichtigt werden.

Die Arzneimittelproduktion in der EU möchten wir auch zum Thema der deutschen EU-Ratspräsidentschaft im Jahr 2020 machen. Zu diskutieren, wäre aus unserer Sicht, wie langfristig die Marktchancen für Arzneimittel „made in Europe" deutlich erhöht werden könnten. Zu prüfen bleibt, ob etwa die Herstellung in der Union als Vergabekriterium zu berücksichtigen wäre.

Homöopathie

Mit dem Terminservice- und Versorgungsgesetz (TSGV) wurden homöopathische Leistungen in Wahltarifen gestrichen. Im Raum steht weiterhin die Frage, ob diese auch als Satzungsleistung gestrichen werden sollen. Die Kosten für die GKV sind im Vergleich zu den Gesamtausgaben zwar überschaubar, andererseits aber mit 45 Mio. Euro alles andere als eine Bagatelle.

Homöopathie hilft manchen Patienten, die ansonsten noch weitere Male einen Arzt aufsuchen würden. Das System verpflichtet auf der anderen Seite aber auch zu Evidenz und einem sorgsamen Umgang mit Versicherungsgeldern.

Hierzu gibt es unterschiedliche Auffassungen und die Diskussion ist auch innerhalb der Union noch nicht abgeschlossen.

Noch offen ist daher weiterhin, in welchem Gesetz diese Problematik aufgegriffen wird. Auch steht weiterhin die Frage im Raum, wann das Apothekenstärkungsgesetz in Kraft tritt. Als nächstes Gesetz kommt außerdem das Faire-Kassenwahl-Gesetz, um Patienten einen freieren Zugang zu allen Krankenkassen zu ermöglichen.

Ein denkbar breites Spektrum an Herausforderungen – wie eingangs beschrieben, stand 2019 unter ganz unterschiedlichen Vorzeichen. Viele Fragen, wie jene der Liefersicherheit und ATMPs werden uns auch weiterhin begleiten. Man kann daher ohne weiteres die These wagen, dass auch 2020 ein Jahr der vielfältigen Problemstellungen wird.

Bernhard Wörmann

Neue Arzneimittel Grenzen des AMNOG am Beispiel der Onkologie

1. Zusammenfassung

Die frühe Nutzenbewertung neuer Arzneimittel im Rahmen des AMNOG-Prozesses ist ein effektives Instrument zur Preisgestaltung. Gleichzeitig ermöglichen die Regelungen den Patienten einen frühen Zugang zu wirksamen Arzneimitteln. Besonders deutlich wird dies in der Onkologie. In den letzten Jahren wurde durchschnittlich pro Monat ein Krebsmittel neu oder in einer neuen Indikation in der EU zugelassen, und mit geringer Zeitverzögerung auf dem deutschen Markt eingeführt. Für den verordnenden Arzt* ist die Einordnung der Festlegungen aus der frühen Nutzenbewertung eine große Herausforderung:

- Viele Festlegungen erfolgen aus methodischen, nicht aus inhaltlichen Gründen.
- Die summarischen Festlegungen beruhen auf einer Priorisierung von Endpunkten, die nicht immer den individuellen Zielen des Patienten entsprechen.
- Frühe Nutzenbewertungen sind mit einer höheren Datenunsicherheit belastet. Späte Nutzenbewertungen kommen häufig zu anderen Festlegungen.

Die frühe Nutzenbewertung ist ein wertvolles Instrument, das weiterentwickelt werden kann und soll.

2. Einleitung

Die frühe Nutzenbewertung neu zugelassener Arzneimittel wurde in Deutschland Anfang 2011 mittels des Arzneimittelmarktneuordnungsgesetzes (AMNOG) eingeführt [1]. Ziele waren wirtschaftliche Einsparungen bei den Ausgaben für Arzneimittel und eine Qualitätsverbesserung der Arzneimitteltherapie. Im Vergleich mit anderen Gesundheitssystemen zeichnet sich das deutsche Verfahren durch einige Besonderheiten aus. In den darauffolgenden Jahren fanden mehrere gesetzliche Anpassungen statt. Dazu gehören die Implementierung eines Arzneimittelinformationssystems zur direkten Vermittlung des vom G-BA festgelegten Zusatznutzens an den verordnenden Arzt [2] und die Beteiligung der wissenschaftlichen medizinischen Fachgesellschaften an den Beratungen zur zweckmäßigen Vergleichstherapie [3].

Eine positive Folge des AMNOG ist, dass die meisten neuen Arzneimittel in Deutschland kurz nach der EU Zulassung im Markt eingeführt werden und damit den Patienten zur Verfügung stehen. Für Onkologika lag die Zeitspanne in den Jahren 2015–2017 bei 4 Monaten, das ist die kürzeste Zeitspanne in Europa [4].

Dennoch bleiben viele Fragen offen. Der Verordner ist irritiert durch die Kakophonie der unterschiedlichen Bewertungen. Wie kann ein neues Arzneimittel für die EU zugelassen sein, in Leitlinien empfohlen werden, aber keinen Zusatznutzen haben? Warum kann sich der Zusatznutzen eines Arzneimittels ändern?

Die Deutsche Gesellschaft für Hämatologie und Medizinische Onkologie (DGHO) und die Kommission „Nutzenbewertung von Arzneimitteln" der Arbeitsgemeinschaft wissenschaftlicher medizinischer Fachgesellschaften (AWMF) führen regelmäßige Analysen der Ergebnisse und Trends des AMNOG-Prozesses durch.

Im Folgenden wird die (fehlende) Kongruenz des AMNOG-Prozesses mit anderen Formen der Bewertung neuer Arzneimittel diskutiert.

3. Frühe Nutzenbewertung im Vergleich zur Zulassung

Die Onkologie hat derzeit eine Vorreiterrolle in der biologischen Stratifikation von Krankheitsentitäten, siehe Lungenkarzinom oder akute Leukämien [7, 8]. Die neuen Strata sind zunehmend prädiktiv für die Therapie, insbesondere mit Ziel-orientierten Arzneimitteln. Die Onkologie hat dadurch auch eine Vorreiterrolle in der Diskussion über die rasch steigenden Arzneimittelpreise.

Von 2011 bis Ende 2019 wurden 183 Verfahren der frühen Nutzenbewertung von Onkologika mit einer Festlegung abgeschlossen. Eine Besonderheit des deutschen AMNOG-Verfahrens ist die Beurteilung von Subgruppen, die der Gemeinsame Bundesausschuss (G-BA) vor Beginn des Verfahrens festlegen kann. Da diese Subgruppen sowohl einen Einfluss auf die Preisbildung als auch potenziell auf die wirtschaftliche Verordnung von Arzneimitteln haben, erfolgt die Auswertung der Festlegungen entsprechend den Subgruppen. Abbildung 1 zeigt die aktuelle Auswertung.

In mehr als der Hälfte der Bewertungen erfolgte die Festlegung „Zusatznutzen nicht belegt". 10,4% der positiven Festlegungen zum Zusatznutzen wurden als „gering", 18,4% als „beträchtlich", 0,3% als „erheblich" und 18,1% als „nicht quantifizierbar" eingestuft. In 1,3% der Subgruppen/Subpopulationen wurde der Schaden höher als der Nutzen eingestuft und in die Kategorie „geringerer

Neue Arzneimittel. Grenzen des AMNOG am Beispiel der Onkologie 107

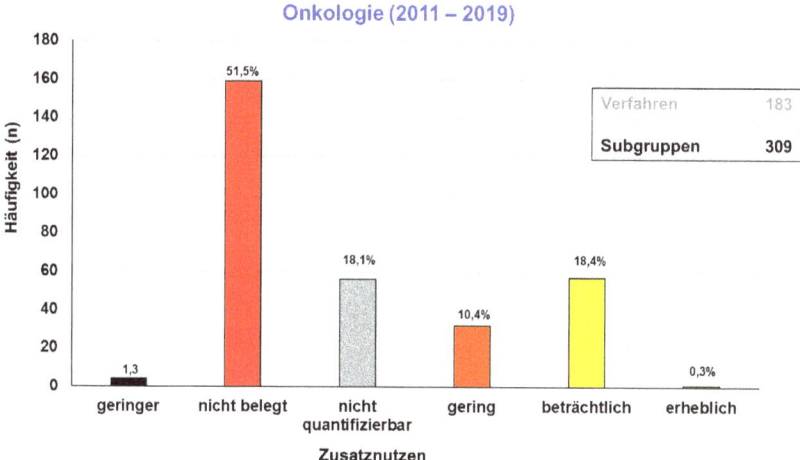

Abbildung 1: Festlegungen des Zusatznutzens neuer Arzneimittel in Onkologie

Zusatznutzen" eingeordnet. In der Kategorie „nicht quantifizierbar" finden sich vor allem Arzneimittel mit Orphan-Drug-Status.

Die Differenz zwischen Zulassung und Nutzenbewertung sind vor allem konzeptioneller Natur. Während die Zulassungsbehörden die Wirksamkeit und Sicherheit eines neuen Arzneimittels beurteilt, bewertet der AMNOG-Prozess dessen Zusatznutzen.

Die Probleme der Kategorisierung im Rahmen der frühen Nutzenbewertung sind am besten anhand der Kategorie „Zusatznutzen nicht belegt" darstellbar. Diese Kategorisierung ist ein Sammelbecken für sehr unterschiedliche Ergebnisse. „Zusatznutzen nicht belegt" kann bedeuten:

- Evidenzbasiert: kein signifikanter Unterschied im Vergleich zur zweckmäßigen Vergleichstherapie
- Methodisch: keine Auswertung möglich, z. B. aufgrund von Unterschieden zwischen dem Kontrollarm der Zulassungsstudie und der ZVT, oder aufgrund unterschiedlicher Endpunkte
- Studiendesign: kein Vergleich möglich, da die Zulassungsstudie nicht randomisiert war
- Unreife Daten: keine valide Auswertung aufgrund kurzer Nachbeobachtungszeit möglich.

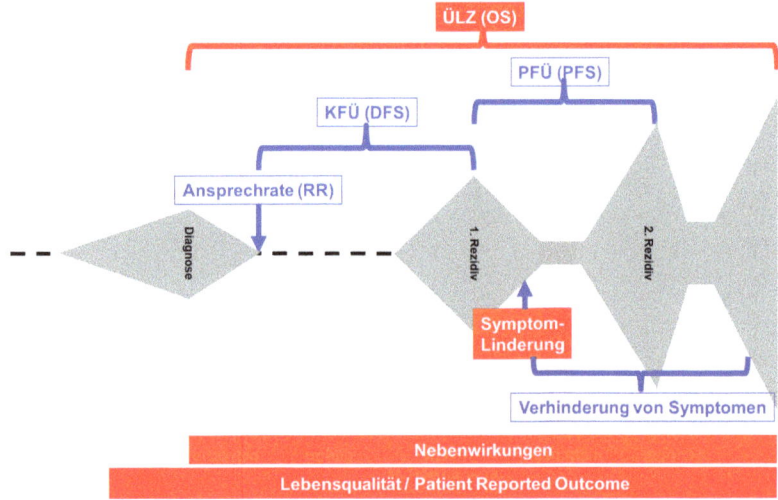

Abbildung 2: Patientenrelevante Endpunkte in der Onkologie

4. Frühe Nutzenbewertung im Vergleich mit klinischem Nutzen

Die Festlegungen in den Verfahren zur frühen Nutzenbewertung sind eine Zusammenfassung unterschiedlicher Bewertungskategorien. Abbildung 2 zeigt unterschiedliche Endpunkte am Beispiel des Verlaufs einer Krebskrankheit auf.

Rot sind die Kategorien dargestellt, die in einer frühen Nutzenbewertung vom G-BA als patientenrelevant betrachtet werden. Blau markierte Endpunkte werden nicht oder nicht durchgehend als relevant bewertet. Die dazu in der Bewertung von Ticagrelor entwickelte Methodik des Instituts für Qualität und Wirtschaftlichkeit im Gesundheitswesen (IQWiG) enthält Schwellenwerte für die Einteilung in die unterschiedlichen Kategorien, siehe Abbildung 3.

Die Schwellenwerte sind unterschiedlich. Konkret sind die Hürden höher bei der Bewertung von Parametern der Morbidität als bei der Gesamtmortalität. Diese Methodik nimmt Grundannahmen des Health Technology Assessment (HTA) auf, entspricht nicht in allen Situationen der Einschätzung des Patienten. Insbesondere bei alten Menschen kann der Erhalt der Lebensqualität einen höheren Stellenwert als eine Verlängerung der Gesamtüberlebenszeit haben.

		Zielgrößenkategorie		
		Gesamt-mortalität	schwerwiegende (bzw. schwere) Symptome (bzw. Folgekomplikationen) und Nebenwirkungen und gesundheitsbezogene Lebensqualität[a]	nicht schwerwiegende (bzw. nicht schwere) Symptome (bzw. Folgekomplikationen) und Nebenwirkungen
Ausmaßkategorie	erheblich	0,85	0,75 und Risiko ≥ 5 %[b]	nicht besetzt
	beträchtlich	0,95	0,90	0,80
	gering	1,00	1,00	0,90

a: Voraussetzung ist – wie für alle patientenberichteten Endpunkte – die Verwendung eines validierten bzw. etablierten Instruments sowie eines geeigneten Responsekriteriums.
b: Das Risiko muss für mindestens eine der beiden zu vergleichenden Gruppen mindestens 5 % betragen.

Abbildung 3: Schwellenwerte zur Ausmaßbestimmung für das relative Risiko [9]

5. Frühe Nutzenbewertung im Vergleich mit später Nutzenbewertung

DGHO und AWMF haben im letzten Jahr einen Vergleich der Festlegungen von neuen Arzneimitteln vorgenommen, bei denen im Rahmen des AMNOG-Prozesses eine frühe und eine spätere Nutzenbewertung vorgenommen worden waren. Gründe für die erneute Nutzenbewertung waren

- Befristung der ersten Festlegung
- Änderung der Orphan Drug Designation, oder Überschreiten der Umsatzgrenze von €50 Mio.
- Neue wissenschaftliche Erkenntnisse

Die Ergebnisse aller Neubewertungen im Vergleich von erster und zweiter Bewertung aus den Jahren 2011 – 2018 sind in Abbildung 4 gegenübergestellt [6].

keine Änderung gegenüber erster Bewertung
höhere (bessere) Bewertung gegenüber erster Bewertung
niedrigere (schlechtere) Bewertung gegenüber erster Bewertung
Änderung der Definition der Subgruppe

Die Abbildung macht deutlich, dass Änderungen der Festlegung bei einer Neubewertung häufig sind. In 46% der Subgruppen/Subpopulationen weicht die Neubewertung von der Erstbewertung ab. Änderungen fanden vor allem in Richtung einer besseren Bewertung statt, aber auch schlechtere Bewertungen bis zu einem „geringeren Nutzen als die Vergleichstherapie" wurden vom G-BA festgelegt.

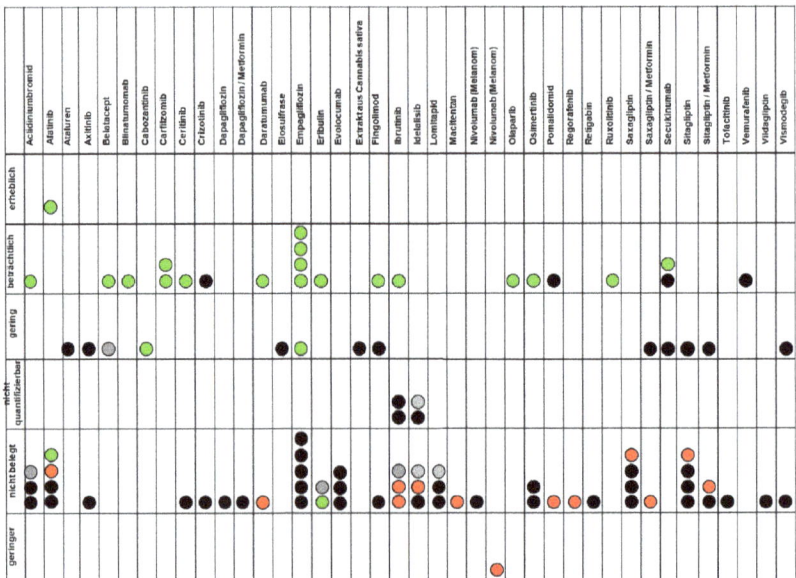

● keine Änderung gegenüber erster Bewertung
○ höhere (bessere) Bewertung gegenüber erster Bewertung
○ niedrigere (schlechtere) Bewertung gegenüber erster Bewertung
○ Änderung der Definition der Subgruppe

Abbildung 4: Änderungen von Festlegungen zwischen erstem und zweitem Verfahren [6]

Exemplarisch sind die Bewertung von Olaparib und Osimertinib. Olaparib wurde nach längerer Nachbeobachtungszeit erneut bewertet. Zu diesem Zeitpunkt lagen belastbare Daten zur Verlängerung der Gesamtüberlebenszeit vor, daraus resultiert der beträchtliche Zusatznutzen [10]. Bei Osimertinib wurde initial auf der Basis nicht-randomisierter Studiendaten, bei der späteren Nutzenbewertung auf der Basis einer Phase-III-Studie bewertet. Die solide Datenbasis führte auch in diesem Verfahren zum beträchtlichen Zusatznutzen [11].

6. Onkologie im Vergleich mit anderen Fachgebieten

Die oben bereits Problematik der Kategorie „Zusatznutzen nicht belegt" wird insbesondere beim Vergleich unterschiedlicher Fachgebiete deutlich, siehe

Neue Arzneimittel. Grenzen des AMNOG am Beispiel der Onkologie 111

Abbildung 5. Dargestellt ist der relative Anteil von Subgruppen mit der Festlegung „Zusatznutzen nicht belegt".

Während der relative Anteil von Verfahren mit der Festlegung „Zusatznutzen nicht belegt" in der Pädiatrie und in der Hämatologie mit 30–40% recht niedrig ist, macht er in Fachgebieten wie der Diabetologie, der Endokrinologie, der Gynäkologie, der Psychiatrie und der Rheumatologie bis zu 90% aus. Das liegt nicht an der Qualität der Studien, sondern an den Endpunkten. In der Onkologie ist die Bewertung der Gesamtmortalität ein realistischer Endpunkt, in Studien der Psychiatrie oder der Diabetologie nicht. Hier wären Nachbeobachtungszeiten von Jahrzehnten erforderlich.

Praktisch hat diese Favorisierung des Endpunktes Mortalität gegenüber dem Endpunkt Morbidität zur Marktrücknahme zahlreicher neuer Antidiabetika geführt, während fast kein neues Krebsmedikament infolge des AMNOG-Prozesses vom Markt genommen wurde [6].

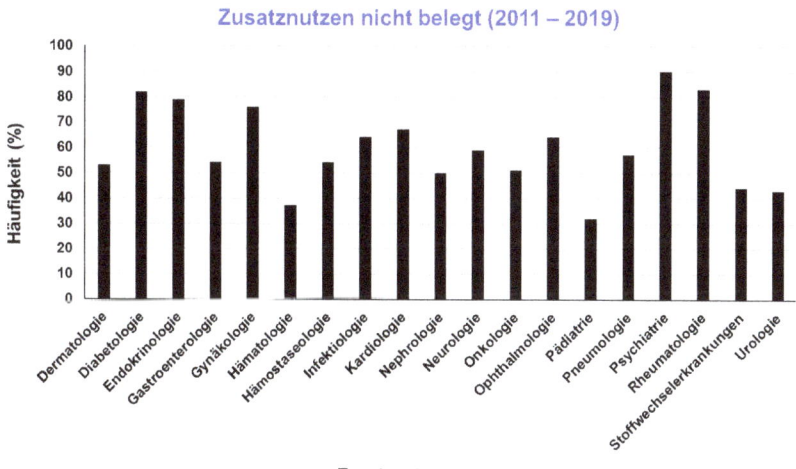

Abbildung 5: Anteil von Subgruppen mit der Festlegung „Zusatznutzen nicht belegt" in unterschiedlichen Fachgebieten

7. Was braucht der Arzt?

Die frühe Nutzenbewertung neuer Arzneimittel war vor allem als Instrument zur Begrenzung des Preisanstiegs gedacht. Das Verfahren schafft zusätzliche Transparenz über die Datenbasis neuer Arzneimittel. Der Verordner benötigt diese Informationen, aber das reicht nicht. Der behandelnde Arzt muss die Festlegungen der frühen Nutzenbewertung in einen patientenzentrierten Entscheidungsprozess integrieren. Dazu gehören:

- Differenzierte Darstellung der Ergebnisse der frühen Nutzenbewertung, z. B. mit Erklärung bei „Zusatznutzen nicht belegt" (inhaltlich, methodisch)
- Vergleich mit der Bewertung des neuen Arzneimittels in einem klinischen Bewertungsalgorithmus, z. B. der ESMO MCBS [12, 13]
- Einordnung des neuen Arzneimittels in einen aktuellen Behandlungsalgorithmus
- Detaillierte Informationen über die Wirksamkeit des neuen Arzneimittels zu allen relevanten Endpunkten
- Regelmäßige Updates der Studiendaten.

Es wird eine große Herausforderung der nächsten Jahre, diese Information zunächst kompakt und unabhängig zu generieren, dann übersichtlich und offen zu präsentieren.

*Die in diesem Text verwendeten Genderbegriffe vertreten alle Geschlechtsformen.

Literatur

1. Gesetz zur Neuordnung des Arzneimittelmarktes in der gesetzlichen Krankenversicherung (Arzneimittelmarkneuordnungsgesetz – AMNOG), Bundesgesetzblatt Teil I vom 27. 12. 2010. http://www.bgbl.de/Xaver/start.xav?startbk=Bundesanzeiger_BGBl&bk=Bundesanzeiger_BGBl&start=//*[@attr_id=%27bgbl110s2262.pdf%27]#__Bundesanzeiger_BGBl__%2F%2F*%5B%40attr_id%3D'bgbl110s2262.pdf'%5D__1374326855765
2. Gesetz zur Stärkung der Arzneimittelversorgung in der GKV (GKV-Arzneimittelversorgungsstärkungsgesetz – AMVSG), Mai 2017. https://www.bgbl.de/xaver/bgbl/start.xav?startbk=Bundesanzeiger_BGBl&start=//*%5B@attr_id=%27bgbl117s1050.pdf%27%5D#__bgbl__%2F%2F*%5B%40attr_id%3D%27bgbl117s1050.pdf%27%5D__1583842346263
3. Gesetz für mehr Sicherheit in der Arzneimittelversorgung (GSAV), August 2019. https://www.bgbl.de/xaver/bgbl/start.xav?startbk=Bundesanzeiger_BGBl&start=//*[@attr_id=%27bgbl119s1202.pdf%27]#__bgbl__%2F%2F*%5B%40attr_id%3D%27bgbl119s1202.pdf%27%5D__1583842620755

4. Yordanova D, Wild F: Zugang zu onkologischen Medikamenten- ein europäischer Vergleich. Wissenschaftlies Institut der PKV, 1/2020. http://www.wip-pkv.de/forschungsbereiche/detail/zugang-zu-onkologischen-medikamenten-ein-europaeischer-vergleich.html
5. Frühe Nutzenbewertung neuer Arzneimittel in Deutschland 2011 – 2017, April 2018. https://www.awmf.org/fileadmin/user_upload/Service/Publikationen/AWMF_AMNOG_210x297_36S_f_web_ok.pdf
6. Frühe Nutzenbewertung von Arzneimittel in Deutschland 2011 – 2018, Gerechtigkeit und Nachhaltigkeit, Mai 2019. https://www.awmf.org/fileadmin/user_upload/Service/Publikationen/AWMF_AMNOG_210x297_36S_f_web_ok.pdf
7. Griesinger F et al.: Nicht-kleinzelliges Lungenkarzinom (NSCLC). Leitlinien von DGHO, OeGHO, SGMO und SGH+SSH, Status November 2018. https://www.dgho-onkopedia.de/de/onkopedia/leitlinien/lungenkarzinom-nicht-kleinzellig-nsclc
8. Röllig C et al.: Akute Myeloische Leukämie, Oktober 2019. https://www.onkopedia.com/de/onkopedia/guidelines/akute-myeloische-leukaemie-aml/@@view/html/index.html
9. https://www.iqwig.de/de/methoden/methodenpapier.3020.html
10. https://www.g-ba.de/bewertungsverfahren/nutzenbewertung/369/
11. https://www.g-ba.de/bewertungsverfahren/nutzenbewertung/286/
12. Cherny NI, Sullivan R, Dafni U et al.: A standardised, generic, validated approach to stratify the magnitude of clinical benefit that can be anticipated from anti-cancer therapies: the European Society for Medical Oncology Magnitude of Clinical Benefit Scale (ESMO-MCBS). Ann Oncol 26:1547–1573, 2015. DOI: 10.1093/annonc/mdv249
13. Cherny NI, Dafni U, Bogaerts J et al.: ESMO-Magnitude of Clinical Benefit Scale version1.1. Ann Oncol 28:2340–2366, 2017. DOI: 10.1093/annonc/mdx310

Thomas Ballast
Die Digitalisierung des Gesundheitswesens - Vorteile am Beispiel von TK-Safe und eRezept

1. Einleitung

Wir befinden uns mitten in einer technologischen Revolution. Bereits jetzt erleben wir die Auswirkungen der Digitalisierung in den verschiedensten Bereichen unseres täglichen Lebens. Digitale Anwendungen sind kaum mehr wegzudenken. So buchen wir unsere Reisen im Internet, kaufen online ein oder bestellen spontan ein Taxi per App. Ein Ende der technologischen Revolution ist nicht absehbar, denn immer noch steigen die Möglichkeiten der Datengenerierung (z.b. über Sensoren), der Datenweiterleitung (5G steht vor der Tür), der Datenspeicherung und der Datenbe- und -verarbeitung (Stichwort Künstliche Intelligenz).

Auch im Gesundheitswesen hat die Digitalisierung in den vergangenen Jahren Fuß gefasst. Deutschland liegt im internationalen Vergleich zwar hinter anderen Ländern zurück, aber die Entwicklungen in den letzten Jahren sind positiv. Dies geht auch auf einen Bundesgesundheitsminister zurück, der sich zum Ziel gesetzt hat, der Digitalisierung im Gesundheitswesen zum Durchbruch zu verhelfen. So wurde seit dem Beginn der Legislaturperiode der gesetzliche Rahmen für verschiedenste digitale Projekte bereitet. Neben der elektronischen Patientenakte sind hier die elektronische Arbeitsunfähigkeitsmeldung und das elektronische Rezept zu nennen. Von einem Trend oder einer Modeerscheinung können wir also nicht sprechen: Digitalisierung geht nicht mehr weg, auch nicht im Gesundheitswesen.

Für die Versorgung kann Digitalisierung echte Verbesserungen nach sich ziehen. So können Informationen zum Gesundheitszustand generiert und zu jeder Zeit verfügbar gemacht werden. Telemedizinische Anwendungen überbrücken die Entfernung zum nächstgelegenen Arzt und verbessern so die teilweise schwierige Versorgungslage in ländlichen Regionen. Auch Videokonsile zwischen Ärzten und/oder Therapeuten werden ortsunabhängig und schneller durchführbar, wenn beispielsweise ein fachübergreifender Austausch erforderlich ist. Ein weiterer Nutzen ergibt sich aus dem Einsatz künstlicher Intelligenz. Auf Basis der gesammelten Informationen und Daten im Gesundheitswesen und mithilfe entsprechender Algorithmen kann künstliche Intelligenz bei der Diagnosestellung und der Therapieauswahl helfen. Die Entwicklung ist hier lange nicht abgeschlossen. Jedoch zeigen die ersten Erfahrungen, dass in einigen Fällen ein arzt- oder therapeutenunterstützender und seltener auch -ersetzender Effekt möglich ist.

Für die Digitalisierung in Zusammenhang mit der Versorgung kann man, vereinfacht gesagt, in diesem Zusammenhang drei Zielbereiche definieren: Gesunde sollen besser gesund bleiben, Krankheiten besser überwunden werden und unheilbar Kranke die mit der Erkrankung einhergehenden Einschränkungen besser bewältigen können.

Bei gesunden Versicherten oder Versicherten mit leichten gesundheitlichen Problemen kommen die Spielräume der Digitalisierung bereits heute am ehesten zum Tragen. Hier gibt es ein breites Angebot an Anwendungen, die den Versicherten bei der Gesunderhaltung unterstützen. Die Spielräume der Digitalisierung müssen von den beteiligten Akteuren in diesem Zielbereich weiter ausgenutzt werden, um regelbasierte Leistungen zu digitalisieren. So arbeitet die TK gerade an einem Pilotprojekt zur Fernbehandlung per Videotelefonie. Ab voraussichtlich Ende Januar 2019 können sich TK-versicherte Mitarbeiterinnen und Mitarbeiter vom heimischen Krankenbett aus über die TK-Doc-App per Video von einem Arzt behandeln lassen. Die Ärzte können im Gespräch mit den Teilnehmenden und anhand der übertragenen Bilder die Symptome überprüfen und ihnen auch aus der Ferne eine elektronische Arbeitsunfähigkeitsbescheinigung ausstellen sowie ein Medikament verordnen. Das Projekt ist zu Beginn begrenzt auf sieben Krankheitsbilder - darunter Magen-Darm-Infekte, grippale Infekte, Rückenschmerzen und Migräne. Dieser Pilot verdeutlicht beispielhaft den hohen Effekt, den Digitalisierung in diesem Zielsegment der Versorgung haben kann.

Betrachten wir den Zielbereich der Überwindung von Erkrankungen, so muss unser Augenmerk darauf liegen, die Digitalisierung in diesem Feld verfügbar zu machen. Hier stößt die Digitalisierung noch an ihre Grenzen. Diese Grenzen gilt es zu verschieben, damit die heute erkennbaren Perspektiven der Digitalisierung auch für ein breites Spektrum nutzbar werden. An dieser Stelle sei angemerkt, dass die Digitalisierung im Gesundheitswesen kein Selbstzweck ist. Sie soll dort zur Entfaltung kommen, wo sie mit Vorteilen für Versicherte, Leistungserbringer und Kostenträger verbunden ist. Dies bedeutet, dass wir die bisherige „analoge" vertragsärztliche Versorgung natürlich weiter vorhalten müssen und wollen. Die Digitalisierung ist nach heutigem Stand auch absehbar nicht in der Lage sie vollständig abzulösen. Sie kann ihr aber Freiräume verschaffen, um den Fokus auf die Versicherten zu legen, die an Multimorbidität und/oder Pflegebedürftigkeit leiden. Vor dem Hintergrund der demografischen Herausforderung beobachten wir eine Zunahme bei denjenigen, die im hohen

Die Digitalisierung des Gesundheitswesens- Vorteile am Beispiel 117

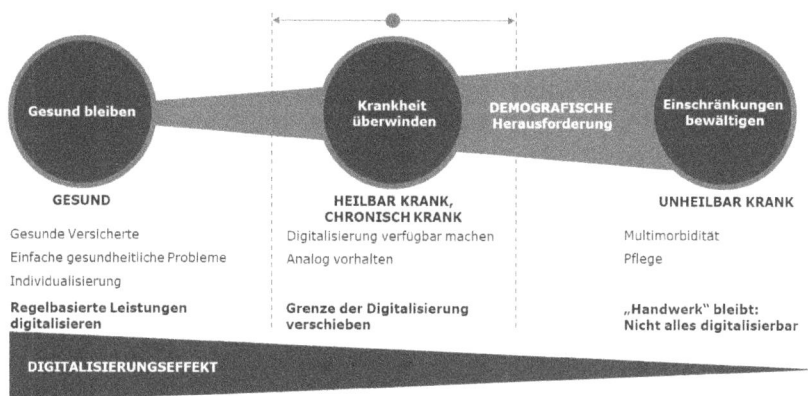

Abbildung 1: Spielräume und Grenzen der Digitalisierung
Quelle: TK, eigene Darstellung

Alter mit einer zum Teil erheblichen Krankheitslast konfrontiert sind folglich die damit verbundenen Einschränkungen bewältigen müssen. Auch wenn in diesem Zielbereich der Digitalisierungseffekt geringer ausfallen wird und das „Handwerk" bleibt, so kann davon ausgegangen werden, dass eine gewisse Entlastung von Medizinern und Pflegepersonen erreicht werden kann. Die dadurch frei werdenden Ressourcen können an anderer Stelle sinnvoll eingesetzt werden.

2. Die elektronische Gesundheitsakte TK-Safe

Die TK hat sich als eine der ersten Krankenkassen frühzeitig mit der Digitalisierung beschäftigt. Im Mittelpunkt stand dabei die Frage, wie wir die Möglichkeiten schnell zum Vorteil unserer Versicherten nutzen können. Der Fokus wurde dann auf den eingangs bereits beschriebenen Bereich der Verfügbarkeit von Informationen gelegt. Bisher liegen medizinische Daten noch immer dezentral bei Ärzten, Krankenhäusern, Therapeuten oder Krankenkassen - Patienten haben keinen direkten Zugriff auf ihre eigenen Befunde. Das führt heute dazu, dass oft viel Zeit und Ressourcen aufgewendet werden müssen, bis alle wichtigen Informationen zusammengetragen sind und die Versorgung stattfindet, die der Versicherte auch wirklich braucht. Das steht in keinem Interesse der beteiligten Akteure, schon gar nicht in dem des Versicherten.

Aus diesem Grund hat sich die TK auf die Entwicklung einer elektronischen Gesundheitsakte konzentriert. TK-Safe wurde gemeinsam mit IBM entwickelt und im April 2018 der Öffentlichkeit vorgestellt. Die Akte soll unseren

Versicherten ermöglichen, Hoheit über ihre eigenen Daten zu erlangen, und sie dabei unterstützen die eigene Gesundheit individuell zu managen. Gesundheits- und Krankheitsdaten können mit TK-Safe strukturiert und übersichtlich an einem Ort gespeichert und gemanagt werden. TK-Safe ist also ein Datentresor, auf den die Versicherten überall und jederzeit mit ihrem Smartphone zugreifen können (Ozegowski, S. und Cardinal, D. 2019, S. 57).

In der Bevölkerung findet die elektronische Gesundheitsakte breite Zustimmung, das zeigt eine repräsentative Forsa-Umfrage im Auftrag der TK, wonach drei von vier Befragten einen Datentresor für Gesundheitsinformationen für eine gute Idee halten (vgl. Hombrecher, M. 2018, S. 33). Auch bei unseren Versicherten stellen wir eine positive Entwicklung fest. Heute nutzen bereits ca. 235.000 Versicherte den Datentresor (Stand: Dezember 2019). Jeden Tag kommen ca. 450 neue Nutzer hinzu.

2.1 Das Leistungsportfolio

Neben TK-Safe existieren bereits mehrere elektronische Gesundheitsakten, die Krankenkassen ihren Versicherten anbieten. TK-Safe unterscheidet sich jedoch mit einem zentralen Merkmal von allen anderen Akten. Nach der Registrierung kann der Versicherte mit wenigen Klicks seine Akte auf elektronischem Wege befüllen. Dazu ruft er die bei der TK über ihn hinterlegten Gesundheitsdaten ab. Dabei handelt es sich um die Abrechnungsdaten, über die die TK aufgrund des Abrechnungsgeschehens mit den Leistungserbringern verfügt. Die Daten des Versicherten werden dabei weder bei der TK noch direkt auf dem Device des Kunden gespeichert. Sie werden auf deutschen Servern von IBM hinterlegt, die den strengen deutschen Datenschutzregelungen unterliegen. Der Zugang unterliegt einer Zwei-Faktor-Authentifizierung und die Übermittlung der Daten erfolgt mit einer Ende-zu-Ende-Verschlüsselung von der Datenquelle bis zum Ziel. Weder IBM noch die TK verfügen über Zugriffsmöglichkeiten auf die Daten, die im TK-Safe hinterlegt sind. Auf diese Daten hat ausdrücklich nur der Versicherte Zugriff.

Dieser Datenpool bildet die Basis der elektronischen Gesundheitsakte und beinhaltet Informationen über:

- Arzt- und Zahnarztbesuche
- Ambulante und stationäre Krankenhausaufenthalte
- Verordnete Medikamente
- Impfungen

Die Digitalisierung des Gesundheitswesens- Vorteile am Beispiel

- Vorsorgeuntersuchungen
- Arbeitsunfähigkeiten

Arztbesuche, die erst kürzlich, also wenige Wochen oder Monate zurück liegen, werden zunächst nicht in TK-Safe sichtbar werden. Dies ist auf den Quartalsbezug der Abrechnungen der Krankenkassen mit den Kassenärztlichen Vereinigungen zurückzuführen. Der Abrechnungsprozess führt dazu, dass den Krankenkassen die entsprechenden Daten oftmals erst bis zu neun Monate später erreichen und dementsprechend auch erst dann in TK-Safe erscheinen können. Hier ist der Gesetzgeber aufgefordert, die Rahmenbedingungen an die Geschwindigkeit der Digitalisierung ein Stück weit anzupassen. Für das Management der eigenen Gesundheit kann den Nutzern nicht vermittelt werden, warum sie 9 Monate auf Ihre Daten warten müssen. Betrachten wir das Feedback unserer Nutzer, so zählt dies zu den meistgenannten Punkten und wird trotz Erläuterung oft als technischer Defekt der Anwendung verstanden.

Vor diesem Hintergrund besteht allerdings die Möglichkeit, dass Versicherte individuelle Ergänzungen in TK-Safe vornehmen, die folgende Bereiche berühren:

- Arzt- und Zahnarztbesuche
- Dokumente, wie Röntgenbilder oder Laborberichte, die im pdf.-Format hochgeladen werden können.
- Impfungen, die das Alter des TK-Datenbestandes übersteigen oder vom Versicherten selbst bezahlt wurden.
- Elektronischer Medikationsplan, der per QR-Codescan eingelesen werden kann.
- Nicht verschreibungspflichtige Medikamente, die per Barcodescan hinzugefügt werden können.
- Vorsorgeuntersuchungen, die ebenfalls das Alter des TK-Datenbestandes überschritten haben oder selbst bezahlt wurden.
- Individuelles Verzeichnis der Ärzte, bei denen der Versicherte in Behandlung war, das sich per Knopfdruck generieren lässt.

Im Hinblick auf die Impfvorsorge und die Vorsorgeempfehlungen sei darauf hingewiesen, dass dieser Bereich bereits mit der Möglichkeit verbunden ist, hier einen individuellen Bezug zum Versicherten herzustellen. Der Versicherte kann individuelle Empfehlungen für beide Bereiche abrufen, die auf Alter und Geschlecht basieren.

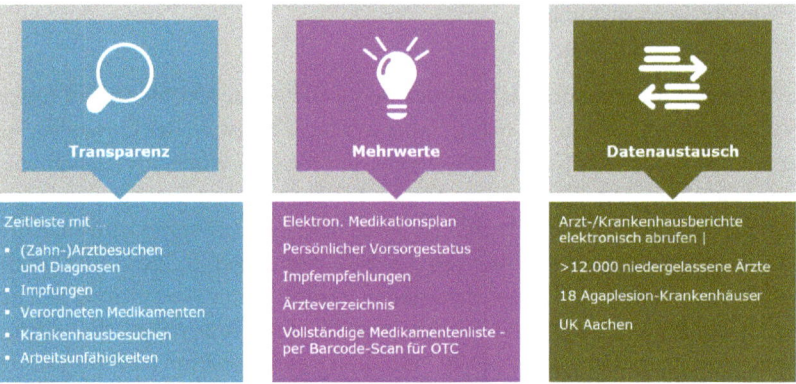

Abbildung 2: Aktuelles Leistungsportfolio des TK-Safe (Stand: November 2019)
Quelle: TK, eigene Darstellung

2.2 Die Rolle der Vernetzung im Gesundheitswesen

TK-Safe schafft bereits mit dem aktuellen Leistungsportfolio Transparenz über den Weg des Versicherten durch die Versorgung und sorgt für individuelle Mehrwerte. Die Akte wird ihren vollen Nutzen jedoch erst entfalten können, wenn man die Möglichkeit zum Austausch von Daten und Dokumenten mit allen an der Versorgung eines Versicherten beteiligten Akteuren hat. Deshalb arbeitet die TK mit Hochdruck an der Anbindung der niedergelassenen Ärzte und Krankenhäuser an TK-Safe. Eine schwierige Hürde ist die heterogene IT-Landschaft. Die Krankenhausinformationssysteme sind meist stark auf die Bedürfnisse der jeweiligen Häuser ausgerichtet und auch im ambulanten Bereich gibt es mehrere hundert Praxisverwaltungssysteme.

Bis heute ist es der TK vor dem Hintergrund dieser schwierigen Ausgangslage gelungen, 18 Agaplesion-Krankenhäuser und das Universitätsklinikum der RWTH Aachen an die Akte anzubinden. Dadurch kann der Versicherte heute nach einem Aufenthalt in einer teilnehmenden Klinik seinen Entlassbrief über TK-Safe anfordern und dort ablegen. Im ambulanten Bereich erfolgt die Anbindung über KV-Connect. Über diesen Kommunikationsdienst tauschen Arztpraxen bereits heute mit ambulanten und stationären Leistungserbringern Daten aus. Da KV-Connect in allen Praxisverwaltungssystemen integriert ist, muss eine Arztpraxis nur die Freischaltung beim Softwareanbieter beantragen und sich registrieren. So wird auch im niedergelassenen Bereich die Übermittlung von PDF-Dokumenten in den TK-Safe auf Anfrage des Versicherten möglich.

Heute sind bereits mehr als 12.000 niedergelassene Ärzte an TK-Safe angebunden.

Das Potenzial ist hier bei weitem noch nicht ausgeschöpft. Für einen flächendeckenden Datenaustausch über TK-Safe mit Krankenhäusern und niedergelassenen Ärzten, perspektivisch auch mit Pflegeheimen, benötigen wir die entsprechenden strukturellen Voraussetzungen. Hier liegt der Schwerpunkt zunächst auf einer Ausweitung der Anbindung der niedergelassenen Ärzte. Die Verpflichtung der Ärzte zur Anbindung an die Telematikinfrastruktur bis zum 30.06.2019 ist ebenso zu begrüßen, wie die weiteren Termine, die im Digitale-Versorgung-Gesetz geregelt wurden. Demnach müssen beispielsweise Krankenhäuser bis zum März 2021 angeschlossen sein. Wichtig ist, dass diese vorgegebenen Ziele auch wirklich erreicht werden.

2.3 Drei Schritte zur digitalen Versorgungsplattform

Unsere kontinuierliche Arbeit an der Anbindung der Leistungserbringer und am Ausbau des Leistungsportfolios von TK-Safe dient einem weiteren Ziel. Unseren Versicherten möchten wir durchaus mehr ermöglichen, als eine digitale Ablagemöglichkeit in Form eines elektronischen Aktenordners. Wir möchten unseren Kunden eine digitale Versorgungsplattform anbieten, die sich aus mehreren Bestandteilen zusammensetzt und dem Versicherten ein umfassendes digitales Versorgungsangebot bietet. Der digitale Datentresor bleibt dafür Grundvoraussetzung.

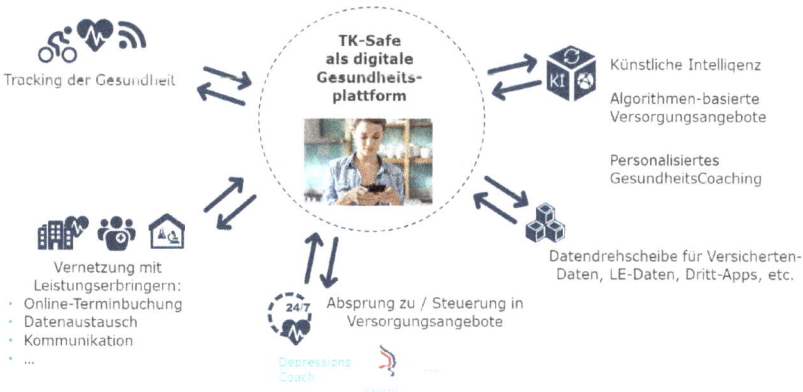

Abbildung 3: Die digitale Versorgungsplattform
Quelle: Eigene Darstellung

Auf dem Weg dahin sind mehrere Schritte zu gehen. Der erste Schritt besteht dabei in der bereits beschriebenen Befüllung der eigenen Akte. Schritt zwei umfasst sogenannte Smart Services. Dabei handelt es sich um digitale Mehrwertleistungen für Versicherte. In diese Kategorie fällt beispielsweise die bereits umschriebene individuelle Vorsorgeempfehlung, eigens getrackte Gesundheitsdaten über Wearables oder weitere Apps sowie die Anbindung von digitalen Versorgungsangeboten der TK. Der dritte Schritt auf dem Wege zu einer digitalen Versorgungsplattform besteht dann aus der beschriebenen Vernetzung mit den Leistungserbringern. Dieser Schritt ist deshalb wichtig, da er dafür sorgt, dass Befunde, Arztbriefe, Entlassbriefe oder Röntgenbilder in TK-Safe auf Wunsch des Versicherten hinterlegt werden können. Er trägt somit dazu bei, dass die Akte bei jedem Arzt- oder Therapeutenbesuch genutzt werden kann, um weitere Dokumente hinzuzufügen oder auch, sofern der Versicherte dies ausdrücklich möchte, sie zur Nutzung zur Verfügung zu stellen.

Die ersten Schritte, die schon heute mit individuellen Vorsorge- und Impfempfehlungen gemacht werden, sollen perspektivisch unter Einbeziehung künstlicher Intelligenz ausgeweitet werden. Vor dem Hintergrund der eingangs beschriebenen Ansatzpunkte der Digitalisierung in der Versorgung, wird so individuelles Gesundheitsmanagement möglich und individualisierte Therapieansätze unterstützt.

2.4 TK-Safe und die elektronische Patientenakte (ePA)

Die ePA ist das zentrale Element der vernetzten Gesundheitsversorgung. Im Terminservice- und Versorgungsgesetz ist geregelt, dass die gesetzlichen Krankenkassen ihren Versicherten eine ePA spätestens ab Januar 2021 anbieten müssen, die auf die seitens der gematik geschaffene Telematikinfrastruktur aufsetzt. Zu diesem Zeitpunkt ist es den Kassen auch erlaubt, einen kassenindividuellen Teil anzubieten, den die TK bereits heute durch TK-Safe im Portfolio hat. Neben dem Starttermin für die ePA sind weitere Ausbaustufen vorgesehen. Der Gesetzgeber hat sich dabei zu folgendem Zeitplan entschlossen.

Zum 01.01.2021 muss die ePA die Daten der Leistungserbringer umfassen. Das bedeutet, dass dort dann in strukturierter Form eArztbriefe, ein Medikationsplan und Notfalldaten hinterlegt werden können. Die Daten der Versicherten müssen zu diesem Zeitpunkt in unstrukturierter Form, also im PDF- oder JPG-Format abgelegt werden können. Dadurch wird der Versicherte in die Lage versetzt, seine Dokumente mit beinahe allen an seiner Behandlung beteiligten Akteuren zu teilen. Dieser für alle Kassen verpflichtende und einheitlich umzusetzende Bereich wird zum 01.01.2022 erweitert. Ab diesem Zeitpunkt müssen

Die Digitalisierung des Gesundheitswesens- Vorteile am Beispiel   123

Wesentliche Eckpfeiler

- Sicheres Aktensystem
- Zugang des Versicherten (eGK oder 2-Faktor-Login)
- Anschluss der LE an Telematik-Infrastruktur über Konnektoren

Struktur der ePA

Bereich	Themenblock	Beispiele
Freiwilliger ePA-Bereich	Individuelle Empfehlungen & Versorgungsangebote	Impfempfehlungen, telemedizinische Angebote auf Basis § 140a SGB V
	Anbindung weiterer Datenquellen, z.B. Medizinprodukte	Anbindung Medizinprodukte, Gesundheits-Apps
	Servicefunktionen u. Anwendungen für den Versicherten	Online-Terminbuchung
Pflicht ab 01.01.2022	Daten der KK (§305 Abs. 2 SGB V) Kassenwechsel	Abrechnungsdaten der Krankenkasse
	Det Berechtigkonzept Gesetzl. Vertreter	
Pflicht-Bereich der ePA ab 01.01.2021	Daten der Leistungserbringer	Strukturiert: eArztbriefe, Medik.-plan, Notfalldaten, Pers. Erklärung Unstrukturiert: PDF, JPG,...
	Daten des Versicherten	Unstrukturiert: PDF, JPG, ...

Abbildung 4: Die ePA ab 2021 im Überblick
Quelle: TK, eigene Darstellung

auch die Daten der Krankenkasse auf Basis von § 305 Abs. 2 SGB V auf der ePA hinterlegt werden können. Dabei handelt es sich um die Abrechnungsdaten der Krankenkasse. TK-Safe wird diese Anforderung bereits zum 01.01.2021 erfüllen.

Ergänzt wird der standardisierte Teil der ePA um einen freiwilligen Bereich. Dort haben die Krankenkassen die Möglichkeit, kassenindividuelle Funktionalitäten zu hinterlegen und folglich auch miteinander in den Wettbewerb zu treten. Dazu gehören dann Themen, die in TK-Safe schon heute adressiert werden, wie die Anbindung von Gesundheits-Apps, Online-Terminbuchungen, AU-Upload oder auch telemedizinische Angebote der Kassen.

Es wird deutlich, dass TK-Safe und die ePA eine wichtige Voraussetzung bilden, um die Vorteile die die Digitalisierung für das Gesundheitswesen bereithält, zu nutzen. Beide Datenquellen können gemeinsam dazu beitragen, dass ein umfassendes digitales Versorgungsangebot für die Versicherten entsteht und alle gesundheitsrelevanten Daten zum Management der eigenen Gesundheit an einer Stelle verfügbar sind.

3. Das elektronische Rezept (eRezept) der TK: Ein gutes Beispiel für Prozesserleichterung im Gesundheitswesen

Die Digitalisierung bietet durchaus Ansatzpunkte, um klassische Prozesse der Versicherten in der Versorgung zu digitalisieren und zu entbürokratisieren. So hat sich die TK bereits 2017 der Arbeitsunfähigkeitsmeldung gewidmet und den Übermittlungsschritt der Arbeitsunfähigkeitsbescheinigung (AU-Bescheinigung) vom Arzt an die TK in einem Pilotprojekt gestartet. Seit Juli 2018 erproben die TK und das Universitätsklinikum Schleswig-Holstein erfolgreich auch den digitalen Versand der Bescheinigung für den Arbeitgeber. Mit dem Bürokratieentlastungsgesetz der Bundesregierung wurde im Oktober dieses Jahres dann auch der rechtliche Rahmen angepasst. Arbeitnehmer müssen ihrem Arbeitgeber nunmehr nur noch Beschied geben, dass Sie arbeitsunfähig sind. Dier Übertragung der AU-Bescheinigung von der Krankenkasse zum Arbeitgeber kann nun auf Knopfdruck erfolgen.

Diese Win-Win-Situation lässt sich auch auf die Verschreibung von Medikamenten durch die Implementierung eines eRezeptes übertragen. Dieser Eindruck bestätigt sich, wenn man den Blick über den Tellerrand in andere Länder Europas wagt. Schnell ist festzustellen, dass es sich beim eRezept um ein bereits weit verbreitetes und erfolgreich umgesetztes Digitalisierungsvorhaben handelt. So gibt es schon in 17 Ländern in Europa ein eRezept. In Schweden werden 95 Prozent aller Rezepte vom Arzt elektronisch übermittelt. In Dänemark gelangt das eRezept in Echtzeit in die Apotheke. Hier förderte die Zusammenführung der Anwendungen für das Online-Banking und die Gesundheit zum Erfolg. In Estland wurden bereits 15 Monate nach Einführung des eRezeptes 85 Prozent aller Verordnungen digital abgewickelt. Weitere Länder in denen es zurzeit digitale Verordnungen gibt sind Finnland, Island, Kroatien, Mazedonien, Niederlande, Norwegen, Schweiz, Spanien und das Vereinigte Königreich. Es wird also Zeit, dass dieser Prozess auch in Deutschland in den Genuss der Vorteile der Digitalisierung kommt, schließlich haben uns andere Länder bereits vorgemacht, wie es geht.

Die TK startete als eine der ersten Akteure im Februar 2019 das Pilotprojekt „eRezept Lab Wandsbek". Daran beteiligten sich zunächst folgende Projektpartner:

- die Adler Apotheke in Hamburg-Wandsbek
- die diabetologische Schwerpunktpraxis Diabetes Zentrum Wandsbek
- der Technikpartner connected-health.eu GmbH
- das Software-Dienstleistungsunternehmen König IDV GmbH

Im Laufe des Jahres konnte der Teilnehmerkreis bereits erweitert werden. So hat sich die Hanseatische Ersatzkasse für die Teilnahme am Projekt entschieden. Darüber hinaus hat sich ebenfalls eine weitere Apotheke im Bezirk Hamburg-Wandsbek dazu entschlossen, ihren Kunden das eRezept anzubieten.

Das Pilotprojekt soll in 18 Monaten zeigen, dass das elektronische Rezept sicher und technisch umsetzbar ist. Das erste abrechnungsfähige eRezept wurde dann Ende März erstellt und die erste vollautomatische Abrechnung erfolgte im September 2019.

3.1 Mittels eRezept einfach und schnell zum Medikament

Aber wir genau funktioniert nun das eRezept im Pilotprojekt der TK? Zunächst beginnt alles wie bisher auch mit einer Verordnung durch den behandelnden Arzt, der das passende eRezept in seiner Praxis im Rahmen einer Sprechstunde oder auf Anforderung durch den Patienten (z. B. telefonisch) ausstellt. Dabei erzeugt er in seiner Software einen QR-Code. Dieser QR-Code wird zusammen mit einer Abbildung des Rezeptes auf das Handy des Versicherten geschickt. Der Code ist dabei das zentrale Element für die spätere Ausgabe des Medikaments, da er als Schlüssel zum Rezept fungiert. Er kann dann in einer App geöffnet werden. Sollte der Versicherte über kein Smartphone verfügen, bedeutet dies nicht, dass er das eRezept nicht nutzen kann. Er kann natürlich auch ausgedruckt werden und eine Kopie des Rezeptes in bekannter Form ist ebenfalls weiterhin möglich.

QR-Code und Rezeptbild auf dem Handy

Kein Arztbesuch für Folgerezept notwendig

Abruf des Rezepts per QR-Code in der Apotheke

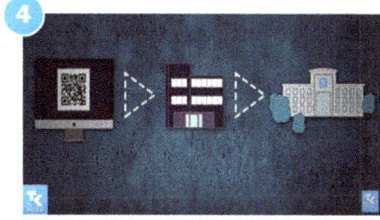
Digitale Einbindung von Abrechnungszentrum und TK

Abbildung 5: Mit dem eRezept zur Medikamentenausgabe
Quelle: TK, eigene Darstellung

Der Versicherte übermittelt dann den QR-Code an eine teilnehmende Apotheke. Dazu kann er persönlich in die Apotheke gehen oder ihn auf elektronischem Weg zur Apotheke schicken. Dort wird der Code eingelesen. Dies führt dann dazu, dass das eRezept vom Server des Arztes abgerufen und auf den Apothekenserver mittels einer sicheren Verbindung übertragen wird. Die Datenübertragung ist dabei so sicher wie das bewährte Online-Banking. Danach erfolgt dann die gewohnte Medikamentenausgabe. Die Verordnungs- und Abrechnungsdaten werden im Anschluss an ein Abrechnungszentrum weitergeleitet. Von dort aus erfolgt dann die Abrechnung mit den teilnehmenden Krankenkassen.

3.2 Das eRezept macht vieles einfacher

Mit dem eRezept wird die bekannte Rezept- und Medikamentenabgabe auf neue Beine gestellt. Für Versicherte, Apotheker und Ärzte ergeben sich verschiedene Mehrwerte, die einmal mehr die Vorteile verdeutlichen, die man über die Digitalisierung eines klassischen Prozesses in der Versorgung erreichen kann.

So werden für den Versicherten unnötige Praxisbesuche für (Folge)Rezepte vermieden, da das Rezept nach Anforderung direkt auf das Handy geladen werden kann. Ein bislang ärgerlicher Verlust eines Rezeptes wird ebenfalls irrelevant, da das eRezept einfach erneut zugestellt werden kann. Perspektivisch soll der Medikamentenbestand des Apothekers ebenfalls eingebunden werden. So können Vorbestellungen der Versicherten eingeleitet und Botendienste der Apotheken in Anspruch genommen werden.

Auch für den Apotheker ergeben sich mehrere Vorteile. So profitiert er von einer Rezeptabrechnung ohne Medienbrüche. Die Abrechnung über Apothekenabrechnungszentren mit den Krankenkassen erfolgt heute bereits digital. Allerdings erfordert dies zunächst noch das Einscannen der Rezepte und die gesonderte Übertragung an das Abrechnungszentrum. Durch das eRezept wird der Scanprozess der herkömmlichen Rezepte überflüssig und der Medienbruch aufgelöst. Außerdem verändert sich der Stellenwert der sprechenden Pharmazie. So können Beratungsgespräche besser vorbereitet werden oder Dialoge mit dem Arzt und dem Patienten für mehr Arzneimitteltherapiesicherheit vereinfacht werden.

Ähnliche Vorteile bringt das eRezept für den Arzt mit sich. So findet auch hier kein Medienbruch mehr statt. Wird das Rezept heute in der Regel am Bildschirm durch den Arzt oder die Sprechstundenhilfe ausgefüllt und im Anschluss ausgedruckt, so entfällt der Ausdruck beim eRezept durch Übertragung einer Abbildung und des QR-Codes auf das Handy des Versicherten. Zudem müssen

Versicherte für ein (Folge)Rezept nicht mehr extra in die Praxis kommen. Ein Anruf ist ausreichend, um den Versand auf das Handy des Versicherten anzufordern. So werden die Praxisabläufe entlastet. Sollte ein Rezept mal fehlerhaft sein, so kann das Rezept sicher und einfach durch den Arzt storniert und neu ausgestellt werden.

4. Fazit

Sowohl TK-Safe als auch das eRezept stehen beispielhaft für positive Erfahrungen im Hinblick auf die Nutzung des bestehenden Rahmens und der Möglichkeiten der Digitalisierung. Sie verdeutlichen, wie man die Digitalisierung im Gesundheitswesen erfolgreich vorantreiben kann. Beide Projekte sind mit konkreten Vorteilen verbunden, die für alle Akteure spürbar sind:

1. Informationen können an einem Ort zusammengetragen werden.
2. Informationen sind immer verfügbar.
3. Es entsteht ein umfassendes Bild über die Gesundheit des Versicherten.
4. Unnötige Kontakte in der Versorgung können reduziert werden.
5. Therapie wird individueller.
6. Diagnostik wird beschleunigt und Therapie sicherer.
7. Versorgung kann wirtschaftlicher werden.

Wie eingangs bereits beschrieben, hat die Bundesregierung in den letzten Jahren viel am Rechtsrahmen gearbeitet, um solche Vorteile spürbar zu machen. Das war auch erforderlich, schließlich hat Deutschland im internationalen Vergleich den Anschluss bereits verloren. Hier gilt es eine Menge Boden gut zu machen. Deshalb wird es aber auch weiterhin Aufgabe der Politik sein, den Rahmen so zu setzen, dass wir der Digitalisierung dort zum Durchbruch verhelfen können, wo es mit klaren Vorteilen für die Akteure verbunden ist.

Letztlich haben wir aber immer noch einen Dauerlauf vor uns. Die ersten Schritte in der jüngeren Vergangenheit sind zwar positiv, aber um den bereits angesprochenen Boden gut machen zu können, haben wir noch einige Runden vor uns. Neben der Politik sind deshalb alle an der Versorgung beteiligten Akteure angehalten, weiter an der Digitalisierung des Gesundheitswesens zu arbeiten und diesen Lauf durchzuhalten. Die dafür erforderliche Kondition ergibt sich aus den obigen Vorteilen, die selbstverständlich nicht vollständig sind. Sie machen aber Mut, um an ansprechenden Beispielen aus der Praxis weiter zu arbeiten bzw. sie zu entwickeln, um am Ende die Versorgung für die Versicherten zu verbessern.

Literaturverzeichnis

Hombrecher, M. (2018): Homo Digivitalis – TK-Studie zur Digitalen Gesundheitskompetenz, Hamburg.

Ozegowski, S. und Cardinal, D. (2019): Elektronische Gesundheitsakte - Der erste Schritt zum digitalen Gesundheitswesen, in Baas, J. (Hrsg.): Zukunft der Gesundheit, Berlin, S. 55–71.

Antje Haas, Anja Tebinka-Olbrich, Kerstin Pietsch

Nachhaltige Zugangssicherung zur Arzneimittelversorgung für GKV-Versicherte – Eine gemeinsame Aufgabe

1. Marktzugang: Oh wie schön ist Deutschland!

Deutschland ist innerhalb Europas derzeit das Land mit dem großzügigsten Zugang zu neuen Arzneimitteln (vgl. Busse, R., et al. 2015, S. 13ff). Dies betrifft auch die hochpreisigen Arzneimittel wie Orphan Drugs (Zamora, B., et al. 2019). Die Erstattungsfähigkeit ist nicht von einer HTA-Phase abhängig und auch nicht vom Abschluss der Preisverhandlungen. Sie erfolgt vollständig über alle Teilindikationen ab Zulassung eines neuen Arzneimittels bei gleichzeitiger Preisfreiheit im ersten Jahr nach Marktzugang.

Diese Offenheit des deutschen Arzneimittelmarktes trifft nun auf Bestrebungen der European Medicines Agency (EMA), den Zugang zu Arzneimitteln frühzeitiger als bisher zu ermöglichen. Dafür wurden beschleunigte Zulassungsverfahren etabliert. In der Konsequenz kommt es zu einem früheren Marktzugang von Arzneimitteln mit nicht abschließend geklärten Eigenschaften. Dies ist ein wirtschaftlicher Erfolg für die Pharmaindustrie, Chance und Risiko zugleich für Patienten aber auch eine relevante Ausgabengröße für die GKV-Versichertengemeinschaft (vgl. dazu u. a. auch Haas, A., et al. 2018; v. Stackelberg, J.-M. und Tebinka-Olbrich, A. 2017, S. 163ff; v. Stackelberg, J.-M., et al. 2018, S. 224ff; Zentner, A. und Haas, A. 2016a und 2016b). In etwa ein Drittel (32%) aller seit 2011 in Deutschland neu eingeführten patentgeschützten Arzneimittel waren in Sonderzulassungsverfahren zugelassen (vgl. Haas, A., et al. 2019b, S. 308). Damit handelt es sich bei dem hier betroffenen Teilmarkt nicht um eine Randgruppe im AMNOG-Prozess. Aufgabe für politische Entscheidungsträger ist es entsprechend ordnungspolitisch aufzuschließen, um bei weiterhin guter Behandlungsqualität dieses solidargemeinschaftlich finanzierte System dauerhaft bezahlbar zu halten und dabei gleichzeitig die Interessen verschiedener Akteure auszubalancieren.

Ein Blick in die GKV-Abrechnungsstatistik zeigt die konkreten finanziellen Auswirkungen für Deutschland. So weisen onkologische Präparate im Vergleich zum Gesamtmarkt stark steigende Umsatzwerte auf. Während es Onkologika im Zeitraum von 2014 auf 2018 auf eine Umsatzsteigerung von 49% brachten, konnte der Umsatz des Gesamtmarktes im gleichen Zeitraum nur um 16%

wachsen (vgl. Abb. 1a und b). Dies ist zum einen dem demographischen Wandel mit einer alternden Gesellschaft und dem daraus resultierenden höheren medizinischen Bedarf geschuldet. In manchen Therapiegebieten kann zudem durch

a) Onkologische Arzneimittel.

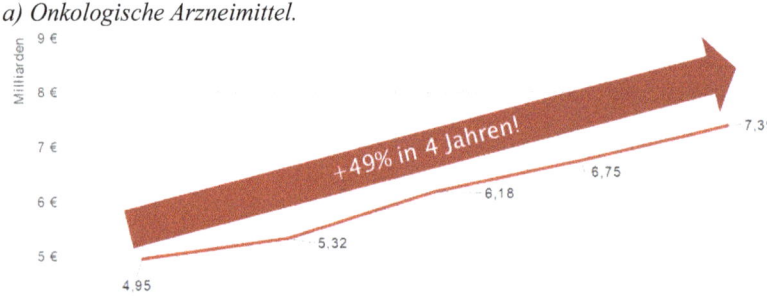

b) Gesamtmarkt GKV (Apotheken, Versandhandel, Sonstige).

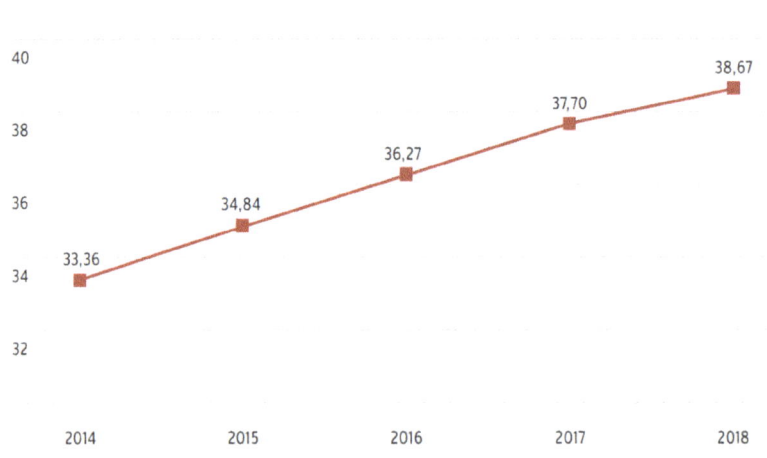

Abbildung 1: Ausgaben für Arzneimittel:
Quelle: Eigene Auswertung der Daten nach § 84 Abs. 5 SGB V.
Quelle: Amtliche Statistik KJ 1; Darstellung: GKV-Spitzenverband.

gut verträgliche und zum Teil aufeinanderfolgende Behandlungsalternativen schon jetzt eine Chronifizierung vormals akut lebensbedrohender Krankheiten und damit eine längere Behandlungsdauer erreicht werden. Dazu kommt aber auch der in der Onkologie immer häufiger werdende kombinierte Einsatz verschiedener Präparate (vgl. v Stackelberg, J.-M. et al. 2018, S. 227ff; Haas, A., et al. 2019a, S. 171f), der die Ausgaben bei gleicher Behandlungsdauer pro Patient signifikant erhöht. Auch hat sich in der Onkologie die hochgradig stratifizierte Medizin etabliert. Immer mehr Wirkstoffe werden auf Basis eines Biomarker-basierten Tests auf Teil-Indikationen aufgefächert bis hin zu allein auf einen Biomarker basierenden aber von Tumorentitäten losgelösten Arzneimitteln (sog. Agnostische Zulassungen).

Des Weiteren sind erste Gen- und Zelltherapien (ATMP: Advanced Therapy Medicinal Products) eingeführt, die bei teurer Einmalgabe eine Heilung in Aussicht stellen und mit genau diesem Anspruch gepreist werden. Momentan werden damit eher kleine Indikationen behandelt, jedoch zeigt ein Blick in die Studienregister, dass längst größere Indikationsgebiete in Testung sind (vgl. Haas, A. et at. 2019b, S. 316). Bei ATMPs muss zeitnah über neue (erfolgsabhängige) Vergütungsmodelle nachgedacht werden.

Statistisch lässt sich auch der Trend hin zu immer höheren Einführungspreisen beschreiben (vgl. dazu Abb. 2).

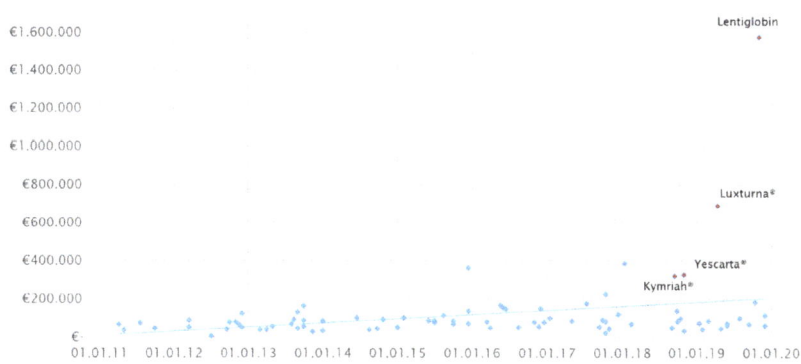

Abbildung 2: Jahrestherapiekosten von Onkologika und ATMP bei Marktzugang.
Quelle: Eigene Darstellung GKV-Spitzenverband. Berechnungen gemäß Preis- und Produktverzeichnis, Dossiers (G-BA) und Fachinformation.

2. Wohin geht die Arzneimittelversorgung? - Vom Prinzip „Gießkanne" zur „individualisierten" Arzneimitteltherapie

2.1 Stratifizierte Arzneimitteltherapien

Die Kenntnis und therapeutische Nutzung biologischer Eigenschaften der kranken Zellen hat die Hoffnung auf eine „personalisierte" Medizin geweckt. Bestrebungen, genetische Ursachen oder Mechanismen von Krankheiten oder deren Verläufe besser zu verstehen, waren erfolgreich und Arzneimittel können heute passend zu den genetischen Eigenschaften der Erkrankung einer Patientin oder eines Patienten entwickelt werden. Die Eignung für die Behandlung mit einem bestimmten Arzneimittel sollte dann mit einem diagnostischen Test festgestellt werden. Hierdurch wird eine Auswahlentscheidung zwischen vorhandenen Arzneimitteltherapien nach der Erfolgswahrscheinlichkeit unterstützt. Zum Stand Juli 2019 wurde bei 47 von 236 Wirkstoffen (20%), die das AMNOG-Nutzenbewertungsverfahren durchlaufen haben, ein prä-therapeutischer Test zumindest empfohlen. 35 dieser 47 Wirkstoffe waren in einer onkologischen Indikation zugelassen: Dies umfasst damit knapp die Hälfte aller in der Onkologie zugelassenen AMNOG-Wirkstoffe (vgl. auch Abb. 3). Das Anwendungsgebiet des NSCLC ist dafür ein besonders eindrucksvolles Beispiel: hier lassen sich bislang 13 Wirkstoffe über 6 Biomarker zuordnen. Die 12 verbleibenden Wirkstoffe verteilen sich auf Stoffwechselerkrankungen, sowie auf Erkrankungen des Atmungs- und Muskel/Skelettsystems.

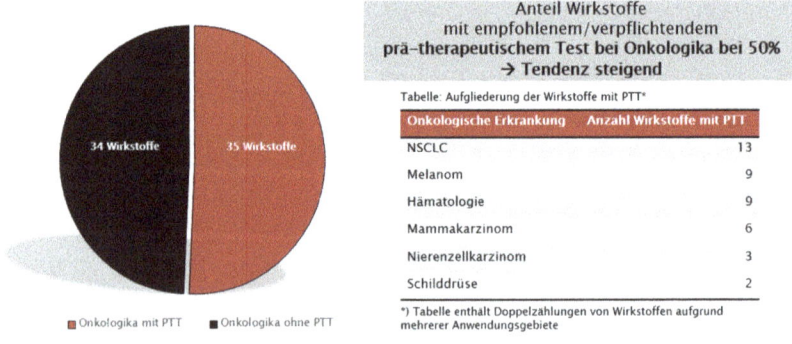

Abbildung 3: Prä-therapeutische Tests bei AMNOG-Onkologika (Stand: 01.07.2019). *Quelle: Auswertung und Darstellung GKV-Spitzenverband.*

2.2 Tumoragnostische Zulassung: Ende oder Anfang der wissenschaftlichen Bewertung?

Mithilfe neuer Technologien der Gensequenzierung werden bei verschiedensten Tumorsubtypen bis dato unbekannte, oft sehr seltene Treibermutationen entdeckt. Um für solche seltenen Mutationen zielgerichtete Arzneimittel zulassen zu können, akzeptiert die EMA mittlerweile in Einzelfällen neue Studiendesigns, wie z.b. sog. „Basket-Studien". Als maßgebliches Einschlusskriterium dient hier lediglich das Vorliegen der therapierelevanten Mutation im Tumor - unabhängig von Histologie und Lokalisation des Tumorgewebes. Die Studienpopulation ist hierbei stark begrenzt und deckt beispielsweise nur einen Bruchteil aller möglichen Organsysteme oder Entwicklungsstadien der Tumorerkrankungen ab, welche von der folgenden „agnostischen Zulassung" tatsächlich umfasst sind. Zudem sind „Basket-Studien" in der Regel Phase II-Studien ohne vergleichenden Studienteil.

So erfolgte bspw. die Zulassung von Larotrectinib am 15.10.2019 auf Basis einer „Basket-Studie" in 12 Tumorarten mit 55 Patienten (vgl. Drilon, A., et al. 2018). Die Zulassung bezieht sich auf solide Tumore mit einer neurotrophen Tyrosin-Rezeptor-Kinase (NTRK)-Genfusion. Für Entrectinib (Zulassungsantrag bei der EMA im Januar 2019 eingereicht; vgl. dazu Hömke, R. 2019) wurden in einer „Basket-Studie" 11 Tumorarten mit insgesamt 54 Patienten getestet. Die Zulassung basiert somit in beiden Fällen auf fragmentarischen Daten, welche im Nachgang eine wissenschaftliche Bewertung des Nutzens und des Zusatznutzens gegenüber etablierten Therapieoptionen mithilfe evidenzbasierter Methoden kaum zulassen.

Ob Postzulassungsdaten solche Differenzen in der Evidenz auszugleichen vermögen und ob sie für eine wissenschaftliche Bewertung dienlich sind, ist derzeit offen. Zudem ist unklar, wie rasch und konsequent sich die dazu benötigten Instrumente, wie indikationsbezogene vollzugängliche Register oder auch systematische Informationen über den Diagnosestatus von Krebspatienten überhaupt etablieren lassen.

2.3 ATMP (Advanced Therapy Medicinal Products): Bisher eine Erfolgsgeschichte?

Bei Gen- und Zelltherapien (ATMP) kann es sich tatsächlich um individuell hergestellte Arzneimittel handeln. Krankheiten, die bis dahin gar nicht oder nur mit wiederholten Therapien behandelbar waren, sollen durch Einmalgabe eines Arzneimittels geheilt werden. Durch herabgesetzte Zulassungsbedingungen (wie z.B. Conditional Approval, Exceptional Approval, etc.; vgl.

dazu auch Haas, A., et al. 2018; v. Stackelberg, J.-M. und Tebinka-Olbrich, A. 2017, S. 163ff; v. Stackelberg, J.-M., et al. 2018, S. 224ff; Zentner, A. und Haas, A. 2016a und 2016b), die einen schnellen Marktzugang bei einem hohen Medical Need sicherstellen sollen, erfolgen hier die Zulassungen bisher vorwiegend auf Basis nicht vergleichender, einarmiger Studien mit sehr geringen Patientenzahlen. Auch ist im Vergleich zur durch die Hersteller in Aussicht gestellten „dauerhaften Heilung" der Patientinnen und Patienten die Beobachtungszeit der entsprechenden Studien viel zu kurz. Die Datenlage zu Patientennutzen und Risiken ist somit oft unsicher. Wie nirgends sonst, wird die Spannung zwischen Medical Need, Datenunreife und Bezahlbarkeit so deutlich.

Eine Übersicht über die in Deutschland bisher zugelassenen oder vor der Zulassung stehenden ATMP findet sich in *Tabelle 1*. Die bekanntesten Vertreter sind aktuell die CAR-T-Zelltherapien Kymriah® und Yescarta®, die Gentherapien Luxturna®, Zynteglo® und Zolgensma®. Bei der Mehrheit der sich in einer späten Entwicklungslinie befindlichen Biotherapeutika handelt es sich ebenfalls um ATMP (vgl. The IQVIA Institute 2019, S. 17). Beforscht werden neben Nischenindikationen, mittlerweile auch Volkskrankheiten, wie Arthrose und Herzinsuffizienz (vgl. dazu Berkemeier, F., et al., 2018).

Interessanterweise ist diese therapeutische Richtung aber kein Selbstläufer in der Entwicklung. Es gibt Beispiele von ATMP, die mittlerweile ihre Zulassung wieder zurückgegeben haben (vgl. Tab. 1a):

- Alipogentiparvovec (Glybera®) erhielt im Jahr 2012 die Zulassung als Orphan Drug von der EMA unter außergewöhnlichen Umständen für die Behandlung der seltenen Erbkrankheit Lipoprotein-Lipase-Defizienz (LPLD) und war damit die erste zugelassene Gentherapie mit Kosten für eine Behandlung von um die 1 Mio. EURO. Der Hersteller uniQure zog jedoch die Zulassung für Glybera® bei der EMA im Oktober 2017 zurück.
- Sipuleucel-T (Provenge®) ist eine Immuntherapie aus aktivierten dendritische Zellen, die das körpereigenen Immunsystems aktivieren. Sipuleucel-T wurde auf der Basis der Zulassungsstudie mit 512 Patienten im Oktober 2013 von der EMA zugelassen für Patienten mit asymptomatischem oder minimal symptomatischem, nicht viszeral metastasiertem, kastrationsresistentem Prostatakarzinom, bei denen eine Chemotherapie klinisch noch nicht indiziert ist. Am 19. Mai 2015 hat die EMA auf Antrag von Dendreon die Zulassung von Provenge® zurückgezogen.

Nachhaltige Zugangssicherung zur Arzneimittelversorgung 135

Tabelle 1: Übersicht ATMP

a) zugelassen 2012 bis 2016:

Wirkstoff-name	Handels-name	Hersteller	Gen-Therapie/Zell-therapie	Indikation	Datum EMA-Zulassung	Datum des Inverkehr-bringens	Datum Nutzen-beschluss G-BA	Listenpreis beim Inverkehr-bringen
Alipogen-tiparvovec	Glybera	uniQure, Chiesi	Gen-Therapie	Hyperlipoproteinämie Typ I	25.10.2012 Rücknahme 08/2017	15.10.2015	21.05.2015 (befristet bis 31.12.2017)	ca. 1 Mio. €
Sipuleucel-T	Provenge	Dendreon	Zell-therapie	Prostatakarzinom	06.09.2013 Rücknahme 05/2015	01.10.2014	19.03.2015 (befristet bis 01.04.2018)	ca. 80.000 €
Talimogen laherparepvec	Imlygic	Amgen	Gen-Therapie	Melanom	16.12.2015	15.06.2016	15.12.2016	JTK bis ca. 290.000 €
Autologe Zellen	Strimvelis	Orchard, GSK	Gen-Therapie	Adenosin-Desaminase-Mangels (ADA-SCID)	26.05.2016			
Allogene T-Zellen	Zalmoxis	Dompé	Zell-therapie	Begleittherapie zur Hämatopoetische Stammzelltransplantation	18.08.2016 Rücknahme 10/2019	15.01.2018	05.07.2018 (befristet bis 01.04.2021)	ca. 190.000 - 760.000 €

b) zugelassen 2018 bis 2019:

Wirkstoff-name	Handels-name	Hersteller	Gen-Therapie/Zell-therapie	Indikation	Datum EMA-Zulassung	Datum des Inverkehr-bringens	Datum Nutzen-beschluss G-BA	Listenpreis beim Inverkehr-bringen
Darvadstrocel	Alofisel	Takeda	Zelltherapie	Fisteln bei Morbus Crohn	23.03.2018	01.06.2018	22.11.2018	60.000 €
Tisagen-lecleucel	Kymriah	Novartis	Gentherapie (Car-T)	ALL, DLBCL (Lymphom)	23.08.2018	15.09.2018	07.03.2019	320.000 €
Axicabtagen ciloleucel	Yescarta	Gilead	Gentherapie (Car-T)	DLBCL (Lymphom)	23.08.2018	31.10.2018	02.05.2019	327.000 €
Voretigen-neparvovec	Luxturna	Novartis	Gen-Therapie	Angeborener Sehverlust	22.11.2018	15.04.2019	17.10.2019	690.000 € (beide Augen)
Autologous CD34+ cells encoding βA-T87Q-globin gene	Zynteglo (früher Lenti-Globin™)	Blue-birdBio	Gen-Therapie	β-Thalassämie	29.05.2019	15.11.2019	Anfang Mai 2020	1,575 Mio. €

c) im Zulassungsverfahren befindlich:

Wirkstoff-name	Handels-name	Hersteller	Gen-Therapie/Zell-therapie	Indikation	Datum EMA-Zulassung	Datum des Inverkehr-bringens	Datum Nutzen-beschluss G-BA	Listenpreis beim Inverkehr-bringen
Onasemnogena beparvovec	Zolgensma	AveXis (Novartis)	Gen Therapie	Spinale Muskelatrophie (SMA)	erwartet: Q2 2020			geschätzt: ca. 2 Mio. €
Valoctocogene roxaparvovec		BioMarin	Gen-Therapie	Hämophilie A	Antrag: November 2019			geschätzt: ca. 3 Mio. €
Autologe CD34+ Stammzellen OTL 200		Orchard	Gen-Therapie	Metachroma-tische Leukodystrophie	Antrag: Dezember 2019			

Quelle: Berechnungen (gemäß Preis- und Produktverzeichnis, Dossiers (G-BA) und Fachinformation) und Recherche GKV-Spitzenverband.

- Allogene-T-Zellen (Zalmoxis®) war 18.08.2016 durch die EMA für die Behandlung der Graft-versus-Host Disease (GvHD) bei hämatopoetischer Stammzelltransplantation als Orpahn Drug bedingt zugelassen und am 15.01.2018 durch Dompé in den deutschen Markt eingeführt worden. Der Hersteller widerrief am 11.10.2019 die Zulassung von Zalmoxis® und zog das Arzneimittel aus dem deutschen Markt zurück.

Gerade die beiden Fälle Alipogentiparvovec (G-BA-Beschluss vom 21.05.2015) und Allogene-T-Zellen (G-BA-Beschluss vom 05.07.2018) zeigen die Schwierigkeiten der unsicheren Datenlage bei Zulassung sowie der Zusatznutzenfiktion bei Orphan Drugs im G-BA-Verfahren zur frühen Nutzenbewertung. Der Marktrückzug durch die Zulassungsinhaber lässt vermuten, dass sich die anfangs in die Therapien gesetzten Hoffnungen langfristig nicht bestätigen konnten und unterstreicht damit nochmal das berechtigte Interesse der Versichertengemeinschaft an einer soliden Datengrundlage und einer daran angepassten Vergütung.

3. Paradigmenwechsel bei Marktzulassung mit Folgen

Der Trend hin zu individuell geeigneteren Therapieansätzen geht mit einer Verlagerung von Entwicklungskosten und Produktrisiken auf die Patientinnen und Patienten bzw. die Versichertengemeinschaft einher. Im Zuge der Sonderzulassungen (Bedingte Zulassung, Zulassung unter außergewöhnlichen Umständen, beschleunigtes Bewertungsverfahren oder das sog. PRIME-Schema) werden vermehrt frühe Zulassungen auf Basis kleiner, wenig aussagekräftiger Studien oder auf Basis von Studien ohne Vergleichsgruppe erteilt. Begründet wird dieses Vorgehen mit der schnelleren Verfügbarkeit potentiell hilfreicher Therapieoptionen für Patienten mit einem Medical Need – letztlich aber mit dem Prinzip Hoffnung. Dabei gibt es genau dafür bereits etablierte und geeignete Instrumente wie bspw. ein sogenanntes Compassionate-Use Programm der Zulassungsbehörden.

Damit ist zum Zeitpunkt der Zulassung und des Marktzugangs unklar, wie gut die neuen Arzneimittel wirken und welche Nebenwirkungen sie verursachen. Es besteht die Gefahr, dass sich Arzneimittel später in der Praxis als weniger wirksam oder als zu gefährlich herausstellen. Patienten in Studien gehen diese Unsicherheit bewusst ein. Beim Einsatz zugelassener Arzneimittel in der Regelversorgung wird allerdings davon ausgegangen, dass Nutzen und akzeptabler Schaden einer Therapie ausreichend geprüft und belegt sind.

An einem Beispiel wird die Brisanz, die beschleunigte Zulassungen in Verbindung mit frühem Marktzugang haben können, besonders deutlich: Olaratumab (Lartruvo®) wurde im November 2016 zur Behandlung des fortgeschrittenen Weichteilsarkoms in der EU im Rahmen einer bedingten Zulassung als Orphan Drug zugelassen. Zur Zeit der Zulassung waren die Daten zur Wirksamkeit von Olaratumab begrenzt, da nur wenige Patienten in der zulassungsrelevanten Phase-II-Studie eingeschlossen waren. Das

Arzneimittel erhielt deshalb eine Zulassung unter der Bedingung, dass der Hersteller zusätzliche Daten bereitstellt, um die Wirksamkeit und Sicherheit des Arzneimittels zu bestätigen. Die nachfolgende Studie bestätigte allerdings nicht die klinische Wirksamkeit von Olaratumab in Kombination mit Doxorubicin im Vergleich zur Standard-Behandlung. Insbesondere verfehlte die Studie die primären Endpunkte bezüglich des verlängerten Überlebens in der Gesamtpopulation. Da diese Studie den klinischen Nutzen nicht bestätigen konnten, wurde die mit Auflagen verbundene Zulassung widerrufen (siehe dazu auch „Rote Hand Brief" vom 06.05.2019).

Bei Olaratumab war die Datensituation für eine bedingte Zulassung und ein Orphan Drug noch vergleichsweise gut: es gab bereits vergleichende Daten und ein zügiger Abschluss der beauflagten Studie war absehbar. Für etliche bedingt zugelassene Arzneimittel werden hingegen nie vergleichende Daten erhoben sowie die Auflagen nicht zeitnah vollständig erfüllt. Ein Anhaltspunkt für diesen Sachverhalt gibt die Studie von Davis, C., et al. (2017): wie gezeigt werden konnte, wurden bei zunächst 57% der Krebsmedikamente Zulassungen ohne belegte Vorteile in Überleben und Lebensqualität erteilt. Bei 79% waren im Median auch 5,5 Jahre später keine Vorteile in Überleben oder Lebensqualität belegt.

4. Zugang sichern durch einen geeigneten ordnungspolitischen Rahmen

4.1 Erfolgsorientierte Vergütungsmodelle

Eine Möglichkeit im Umgang mit der zunehmenden Datenunsicherheit bei Marktzugang und gleichzeitiger Aufrechterhaltung einer raschen Verfügbarkeit für die Patientinnen und Patienten, bieten erfolgsorientierte Vergütungsmodelle (vgl. auch Haas, A., et al. 2019a, S. 172ff). Zur Umsetzung dieser Modelle bedarf es Wirkstoff-spezifischer Definitionen von eindeutigen und einfach monitorierbaren Erfolgsgrößen, die dann bspw. eine Ratenzahlung seitens der Krankenkassen auslösen. Die jeweils hohe Komplexität im Therapiegebiet muss von den Vertragspartnern heruntergebrochen werden, so dass der Transaktionsaufwand nicht die Effizienz untergräbt. Das Monitoring dieser Verträge über Routineabrechnungsdaten sollte überwiegen. Die Beschaffenheit von Routinedaten auf Ebene des GKV-Spitzenverbands eignet sich jedoch derzeit in der Regel nicht, um die Detektion von Therapieerfolg oder –misserfolg bzw. Nebenwirkungen abzubilden. Defizite bestehen in der Periodendauer, der Dauer bis zur Verfügbarkeit, der Detektion von Sektorenübertritten und der Detailtiefe (Patientengruppen,

Biomarker etc.). So finden die ersten Schritte in solche Verträge auf selektivvertraglicher Ebene statt.

4.2 Anwendungsbegleitende Datenerhebungen und Anforderungen an die Leistungserbringer bezüglich der Qualität der Anwendung für ATMP

Im Rahmen des GSAV (Gesetz für mehr Sicherheit in der Arzneimittelversorgung) hat der Gesetzgeber auf den Trend des beschleunigten Marktzugangs reagiert: Für diese Arzneimittel kann der G-BA nun vom pharmazeutischen Unternehmer zur Schaffung einer besseren Evidenzgrundlage für die Zusatznutzenbewertung, die Vorlage von sog. „anwendungsbegleitenden Datenerhebungen oder Auswertungen" (im Folgenden: ADE) verlangen. Die Befugnis zur Verordnung dieser neuen Therapien zu Lasten der GKV kann der G-BA zusätzlich auf die Vertragsärzte und Krankenhäuser beschränken, die an der ADE mitwirken.

Eine Lösung zur Generierung einer besseren Datengrundlage könnten indikationsspezifische Register in ausgewählten Anwendungsgebieten sein, in denen die zu untersuchenden Therapien erfasst werden. Die ADE sollten zudem so früh wie möglich initiiert werden, da der Aufbau eines qualitativ hochwertigen Registers bzw. das Hinzufügen von Modulen zu einem bestehenden Register eine längere Vorlaufzeit erfordert. Das bedeutet, es sollte bestenfalls schon in der Zeit zwischen Positive Opinion durch die EMA und Marktzulassung eine frühe Beratung beim G-BA in Zusammenarbeit mit der Zulassungsbehörde und den Fachgesellschaften zu den Anforderungen an die ADE geben (vgl. auch Abb. 4a). In diesem frühen Zeitraum sollten auch die Qualitätsanforderungen festgelegt werden, die der Gesetzgeber im Rahmen des GSAV in §136a und c SGB V für ATMP ermöglicht hat.

Zeitlich gesehen werden allerdings bei der Erstbewertung des Arzneimittels und damit auch bei der ersten Verhandlung des Erstattungsbetrages keine Daten aus der ADE einfließen können. Gemäß § 35a Abs. 3b SGB V sollen die gewonnenen Daten und die Verpflichtung zur Datenerhebung in regelmäßigen Abständen, mindestens jedoch alle achtzehn Monate nach Beschluss zur ADE überprüft werden (vgl. Abb. 4b). Eine erneute Beschlussfassung bzw. -anpassung obliegt dem G-BA. Die neu gewonnene Evidenz kann dann in einer zweiten Nutzenbewertung mit anschließender Preisverhandlung Berücksichtigung finden. Dann kommt es darauf an, ob sich der versprochene Vorteil der neuen Arzneimittel tatsächlich bewahrheitet.

Nachhaltige Zugangssicherung zur Arzneimittelversorgung 139

a) Nationaler Lösungsansatz: Frühe Beratung + Start ADE nach Inverkehrbringen.

b) Nutzung der im G-BA generierten Evidenz für EB-Verhandlungen.

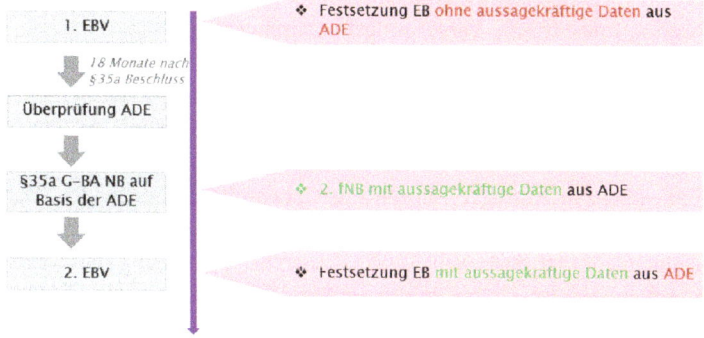

Abbildung 4: Anwendungsbegleitende Datenerhebungen:
Quelle: Eigene Darstellung GKV-Spitzenverband.

Eine weitere Neuerung des GSAV sind bei Orphan Drugs die preislichen Abschläge bei Nicht-Quantifizierbarkeit des Zusatznutzens auf Basis der ADE. Bei Nicht-Orphan Arzneimitteln mit bedingten bzw. unter außergewöhnlichen Umständen ausgesprochenen Zulassungen sind hingegen keine weiteren Preisabschläge vorgesehen.

Zusammenfassend bleibt festzuhalten, dass die im GSAV verankerten Regelungen neue Wege zur Evidenzgenerierung eröffnen und klarstellen, dass der Erstattungsbetrag für die Mehrheit der Arzneimittel mit besonderen arzneimittelrechtlichen Zulassungen nur dann dauerhaft hoch bleiben kann, wenn der entsprechende Nutzen nach § 35a SGB V nachgewiesen wurde (vgl. auch Haas, A., et al 2019a; Haas, A., et al. 2019b). Anders als im konventionellen Zulassungsverfahren tragen hier Patienten und Versicherte eine außergewöhnliche Mitverantwortung für die Evidenzgenerierung.

4.3 Erfolgsfaktor Daten

Das Digitale-Versorgung-Gesetz (DVG) zielt insbesondere darauf ab, Gesundheitsdaten für Forschungszwecke nutzbar zu machen. Statt der bisherigen Kopplung an die Zwecke des Morbi-RSA sollen zukünftig komplette Kosten-und Leistungsdaten der über 70 Mio. GKV-Versicherten über einen Zeitraum von 30 Jahren in einem Forschungsdatenzentrum in pseudonymisierter Form zusammengeführt werden. Umfang, Detailtiefe und Aktualität der Daten soll erhöht, sowie der Datenzugang für Berechtigte verbessert werden. Es wird so - besser als bisher - eine wichtige Informationsgrundlage für die Planung und Steuerung der Versorgung sowie für die Versorgungsforschung erschlossen.

Es wird eine dreiteilige Infrastruktur geben: Dem GKV-Spitzenverband soll dabei die Aufgabe einer „Datensammelstelle" zukommen. Einer benannten „Vertrauensstelle" kommt die Aufgabe der Datenverschlüsselung zu. Die Nutzung der Transparenzdaten ist dabei an das sogenannte „Forschungsdatenzentrum" geknüpft, über ein Antragsverfahren mit Genehmigungsbescheiden. Das Gesetz sieht keine Änderung des Kreises der Nutzungsberechtigten gegenüber den bisher Berechtigten vor (vgl. auch Abb. 5). Die Kosten der Umsetzung sind weiterhin von den Krankenkassen nach der Zahl ihrer Mitglieder zu tragen. Die konkrete Ausgestaltung der Bestimmung der genauen Dateninhalte, Struktur, Lieferfristen und der voraussichtlichen Kostenhöhe wird in einer Rechtsverordnung durch das BMG erfolgen. Das Verfahren der Datenübermittlung soll vom GKV-Spitzenverband mit den beteiligten Stellen bis zum 31.12.2021 festgelegt werden. Danach würde eine erste Datenlieferung frühestens in der zweiten Jahreshälfte 2022 erfolgen.

Das bisherige Datentransparenzverfahren (eingerichtet seit 2014) war zur Umsetzung gesetzlicher Aufgaben, die eine flexible Datennutzung erfordern, kaum geeignet. Beispielsweise erfordern die AMNOG-Verfahren einen direkten, schnellen und sektorenübergreifenden Zugriff auf die Daten. Inwieweit hierfür die Neuregelung nach dem DVG einen Nutzen bringen werden, ist abschließend erst in Abhängigkeit der noch ausstehenden Rechtsverordnung zur konkreten Umsetzung zu bewerten.

Abbildung 5: Datenpool für Versorgungsverbesserung und Forschung soll durch DVG geschaffen werden.
Quelle: Eigene Darstellung GKV-Spitzenverband.

4.4 GKV-FKG (Gesetz für eine faire Kassenwahl in der gesetzlichen Krankenversicherung) im Werden

Der Referentenentwurf zum GKV-FKG sieht vor, die seit 2009 geltende Beschränkung des RSA (Risikostrukturausgleich) auf 50 bis 80 jährlich neu auszuwählende, besonders kostenintensive und schwerwiegende, chronische Krankheiten aufzuheben und stattdessen das gesamte Krankheitsspektrum zu berücksichtigen (Vollmodell). Es soll zudem ein Hochrisikopool eingeführt werden, aus welchem die Erstattung von Jahrestherapiekosten oberhalb von 100.000 EURO zu 80% finanziert werden soll. Finanzielle Belastungen für einzelne Krankenkassen, die sich aus Hochkostenfällen ergeben, können so im Einzelfall wirksam gemindert werden. Auf der Systemebene bleibt kritisch zu beobachten, welche Auswirkung die damit einhergehende Kollektivierung von Preissteigerungen hat.

4.5 Grundlegender gesetzgeberischer Weiterentwicklungsbedarf

4.5.1 Geltung des EB ab Tag 1, insbesondere bei ATMP

Die Geltung der Erstattungsbeträge erst ab dem zweiten Jahr setzt grundsätzlich einen Anreiz, die Preisgestaltungsspielräume bei Markteinführung auszunutzen. Die Nutzenbewertung und Preisverhandlung des AMNOG können bei einmalig anzuwendenden Gentherapien und kleinen Patientenzahlen sogar geradewegs ins Leere laufen. Daher ist eine Rückwirkung des ausgehandelten Erstattungsbetrages ab dem ersten Tag des Inverkehrbringens insbesondere bei ATMP unerlässlich. Damit bliebe der schnelle Zugang der Patienten zu innovativen

Therapieoptionen gewahrt bei gleichzeitigem zusatznutzenbasiertem Preis von Anfang an.

4.5.2 „Keine Mehrkosten ohne Zusatznutzen" wirklich beherzigen!

Das AMNOG ist mit dem Ziel eingeführt worden, dass das Geld der Leistung folgt. Für Arzneimittel ohne Zusatznutzen bedeutet dies, keine Mehrkosten gegenüber der zweckmäßigen Vergleichstherapie zu verursachen. Die Jahrestherapiekosten der zweckmäßigen Vergleichstherapie sollten ursprünglich die verbindliche gesetzliche Obergrenze für die Erstattung bilden. Mit der Verabschiedung des Arzneimittel-Versorgungsstärkungsgesetz (AM-VSG) im Mai 2017 wurde die gesetzliche Grundlage des Erstattungsbetrages von Arzneimitteln ohne Zusatznutzen aufgeweicht. Nun soll der Erstattungsbetrag lediglich nicht zu höheren Jahrestherapiekosten führen. Diese Regelung wurde vom Gesetzgeber eingeführt, um den Verhandlungsspielraum im „begründeten Einzelfall" zu erweitern, ohne jedoch konkrete Kriterien für einen „begründeten Einzelfall" zu definieren. Dies hat zu einer gelebten Flexibilisierung der Obergrenze des Erstattungsbetrages für Arzneimittel ohne Zusatznutzen - zunächst in der Schiedsstelle, dann auch in den Verhandlungen, und letztlich beim Landessozialgericht – geführt. Bei ca. 70% der Arzneimittel ohne Zusatznutzen, die zwischen Inkrafttreten des AM-VSG bis Juli 2019 verhandelt wurden (vgl. Haas, A., et al. 2019b, S. 307), stellt heute bereits nicht mehr die wirtschaftlichste Alternative innerhalb der zweckmäßigen Vergleichstherapien die Obergrenze für den Erstattungsbetrag dar. Damit bleiben jedoch weitere preis- und ausgabensteigernde Zweit- und Drittrundeneffekte (Einbindung solcher Arzneimittel als zweckmäßige Vergleichstherapie oder vergleichbare Arzneimittel in anderen Verfahren) sowohl bei Arzneimitteln ohne, als auch mit Zusatznutzen nicht aus. Zur Vermeidung der beschriebenen Preisspirale ist es notwendig, bei fehlendem Zusatznutzen die ursprüngliche Bindung an die wirtschaftliche Obergrenze gesetzlich wiederherzustellen.

4.5.3 Adjustierbarkeit von Mischpreisen nach Wert in der Therapie

Durch das Bundessozialgerichtsurteil zu Albiglutid vom 4. Juli 2018 (Az.: B 3 KR 20/17 R) wurde die Rechtmäßigkeit von Mischpreisen bei Wirkstoffen mit differenzierter Nutzenbewertung bestätigt. Das Urteil schafft damit Rechtssicherheit für ca. 40 bis 60 % aller Wirkstoffe, in denen verschiedene Patientengruppen monetär unterschiedlich zu bewerten sind. Dem Mischpreis kommt folglich im Verhandlungsgeschehen eine sehr große Bedeutung zu. Bei der genauen Bestimmung der tatsächlich behandelten Anzahl der Patientenzahl in den verschiedenen

Indikationen, die zur Adjustierung und Umsetzung des Mischpreises notwendig ist, sehen sich die Verhandlungspartner nach wie vor erheblichen Herausforderungen gegenüber (vgl. v. Stackelberg, J.-M., et al. 2019, S. 142f). Hier sind zukünftig vorhandene Datengrundlagen so auszugestalten, dass eine Nachvollziehbarkeit der Teilindikationen möglich wird (vgl. GKV-Spitzenverband 2018; Haas, A., et al. 2019a, S. 165f). Neben einer adäquaten Adjustierung des Mischpreises wären so pharmazeutische Unternehmer bestärkt, besonders werthaltige Arzneimittel zu entwickeln, was implizit auch die Versorgungsqualität erhöht. Zudem wäre die wirtschaftliche Verordnungsweise für die Ärzte erleichtert.

5. Literatur

Berkemeier, F., Diel, M., Sussmann, S. (2018): Langwirksame Gentherapien: aktuelle Entwicklungsaktivitäten und Herausforderungen für das GKV-System (Systematische Registerrecherche zur Identifikation langwirksamer Gentherapien ab Entwicklungsphase III und deren möglichen Auswirkungen auf das Finanzierungssystem der GKV. Studie des IGES Instituts im Auftrag der Merck Serono GmbH).

Bundessozialgericht (2018): Albiglutid / Eperzan® (Az: B 3 KR 20/17 R), Urteil vom 04.07.2018.

Busse, R., Panteli, D., Henschke, C. (2015): Arzneimittelversorgung in der GKV und 15 anderen europäischen Gesundheitssystemen. Ein systematischer Vergleich. Working papers in health policy and management, Band 11, S. 13ff, in Busse, R. (Hrsg.): Universitätsverlag der TU Berlin, 2015.

Davis, C., Naci, H., Gurpinar, E., Poplavska, E., Pinto, A., Aggarwal, A. (2017): Availability of evidence of benefits on overall survival and quality of life of cancer drugs approved by European Medicines Agency: retrospective cohort study of drug approvals 2009–13. British Medical Journal 2017, 359: j4530 | doi: 10.1136/bmj.j4530.

Drilon, A., Laetsch, T. W., Kummar, S., DuBois, S. G., Lassen, U. N., Demetri, G. D., Nathenson, M., Doebele, R. C., Farago, A. F., Pappo, A. S., Turpin, B., Dowlati, A., Brose, M. S., Mascarenhas, L., Federman, N., Berlin, J., El-Deiry, W. S., Baik, C., Deeken, J., Boni, V., Nagasubramanian, R., Taylor, M., Rudzinski, E. R., Meric-Bernstam, F., Sohal, D. P. S., Ma, P. C., Raez, L. E., Hechtman, J. F., Benayed, R., Ladanyi, M., Tuch, B. B., Ebata, K., Cruickshank, S., Ku, N. C., Cox, M. C., Hawkins, D. S., Hong, D. S., Hyman, D. M. (2018): Efficacy of Larotrectinib in TRK Fusion–Positive Cancers in Adults and Children, The New England Journal of Medicine, 378, S. 731–739; https://www.nejm.org/doi/full/10.1056/NEJMoa1714448.

G-BA (2015). Arzneimittel-Richtlinie/Anlage XII: Alipogentiparvovec. Beschluss vom 21.05.2015. https://www.g-ba.de/bewertungsverfahren/nutzenbewertung/146/. Zugegriffen am 13.02.2020

G-BA (2018). Arzneimittel-Richtlinie/Anlage XII: Allogene-T-Zellen. Beschluss vom 05.07.2018. https://www.g-ba.de/bewertungsverfahren/nutzenbewertung/340/. Zugegriffen am 13.02.2020

GKV-Spitzenverband (2018): Unsere Zukunftsperspektive: der adjustierte Mischpreis; https://www.gkv-90prozent.de/ausgabe/11/meldungen/11_indikationsspezifische_preise/11_indikationsspezifische_preise.html; Zugegriffen 13.02.2020.

Haas, A., Zentner, A., Schubert, A., Ermisch, M. (2018): Erstattung von Arzneimitteln mit unreifen Daten. https://www.gkv-90prozent.de/ausgabe/08/autorenbeitrag/08_unreife_daten/08_unreife_daten.html.

Haas, A., Tebinka-Olbrich, A., Geier, A. S., Erdmann, D., Pietsch, K., Nickel, A., Ermisch, M. (2019a): Zehn Thesen zur wertorientierten Preisbildung im § 130b SGB V, in: AMNOG-Report 2019, in: Storm, A. (Hrsg.): Beiträge zur Gesundheitsökonomie und Versorgungsforschung. Band 29, S. 163–184, Bielefeld, Hamburg: medhochzwei Verlag GmbH, Heidelberg.

Haas, A., Tebinka-Olbrich, A., Zentner, A., Geier, A., Pietsch, K., Erdmann, D., Henck, S. (2019b): Ergebnisse des AMNOG-Erstattungsbetragsverfahrens, in Schwabe, U., Paffrath, D., Ludwig, W.-D., Klauber, J. (Hrsg.): Arzneiverordnungs-Report 2019, Springer-Verlag GmbH Deutschland, S. 301–320.

Hömke, R. (2019): Neue Krebsmedikamente im EU-Zulassungsverfahren sowie zugelassene Krebsmedikamente, die noch nicht auf den deutschen Markt gebracht wurden (ohne Biosimilars). Vfa, 20.12.2019.

Rote Hand Brief (06.05.2019): Lartruvo® (Olaratumab): Widerruf der EU-Zulassung wegen fehlender therapeutischer Wirksamkeit. https://www.pei.de/SharedDocs/Downloads/DE/newsroom/veroeffentlichungen-arzneimittel/rhb/19-05-06-rhb-lartruvo-olaratumab.pdf?__blob=publicationFile&v=3.

The IQVIA Institute (2019): Global Oncology Trends 2019. Therapeutics, Clinical Development and Health System Implications, Institute Report, May 30, 2019.

v. Stackelberg, J.-M., Tebinka-Olbrich, A. (2017): Zukunftssicherung der Versorgung mit innovativen Arzneimitteln; In König, H., Nachtkamp, H., Schlieper, U., Wille, E. (Hrsg.): Neuerungen im Krankenhaus- und Arzneimittelbereich zwischen Bedarf und Finanzierung: 21. Bad Orber Gespräche über kontroverse Themen im Gesundheitswesen (Allokation im marktwirtschaftlichen System, Band 73). Peter Lang GmbH, Internationaler Verlag der Wissenschaften. Frankfurt am Main 2017. S. 151–167.

v. Stackelberg, J.-M., Haas, A., Tebinka-Olbrich, A., Zentner, A., Ermisch, M., Schubert, A., Erdmann, D. (2018): Ergebnisse des AMNOG-Erstattungsbetragsverfahrens; In Schwabe, U., Paffrath, D., Ludwig, W.-D., Klauber, J. (Hrsg.): Arzneiverordnungs-Report 2018, Springer-Verlag GmbH Germany, S. 217–238.

v. Stackelberg, J.-M., Tebinka-Olbrich, A., Pietsch, K. (2019): Aktuelle Herausforderungen für die Arzneimittelversorgung; In König, H., Nachtkamp, H., Schlieper, U., Wille, E. (Hrsg.): Nach der Regierungsbildung – vor den Reformen im Krankenhaus- und Arzneimittelbereich: 23. Bad Orber Gespräche über kontroverse Themen im Gesundheitswesen (Allokation im marktwirtschaftlichen System, Band 75). Peter Lang GmbH, Internationaler Verlag der Wissenschaften. Berlin 2019. S. 129–152.

Zamora, B., Maignen, F., O'Neill, P., Mestre-Ferrandiz, J., Garau, M. (2019): Comparing access to orphan medicinal products in Europe, Orphanet Journal of Rare Diseases, https://doi.org/10.1186/s13023-019-1078-5.

Zentner, A., Haas, A. (2016a): Prinzip Hoffnung versus Prinzip Risiko - Folgen des beschleunigten Marktzugangs von Arzneimitteln. In: Schriftenreihe: Interdisziplinäre Plattform zur Nutzenbewer-tung: Adaptive Pathways – Chancen und Risiken. Springer-Verlag, Heft 3, S. 24ff.

Zentner, A., Haas, A. (2016b): Adaptive Pathways - Was würde ein beschleunigter Marktzugang von Arzneimitteln in Deutschland bedeuten? In: Gesundheits- und Sozialpolitik 70 (1), S. 59–66.

Han Steutel

Wie innovationsoffen ist das deutsche Gesundheitswesen?

Das deutsche Gesundheitswesen orientiert sich an den grundsätzlichen Präferenzen der Bevölkerung

Nähert man sich der Frage einer Bestandsaufnahme der Innovationsoffenheit des deutschen Gesundheitswesens, so steht am Anfang der Blick auf die Zufriedenheit der Deutschen mit ihrem Gesundheitssystem: Die bescheinigte relative Zufriedenheit (vgl. Witt, G. 2018) speist sich dabei vor allem aus der Erfahrung des diskriminationsarmen Zugangs zu hochwertiger medizinischer Versorgung. Begleitet wird dies jedoch von der Sorge vor (zukünftigen) Einschränkungen und Rationierungen. Tatsächlich gibt es immer wieder Versuche, den Kern des Arzneimittelmarktneuordnungsgesetzes (AMNOG), den frühen und umfassenden Zugang der Patienten zu neuen Arzneimitteln, zu schwächen - sei es, dass Arzneimittel nur noch für Patienten erstattet werden sollen, die an Studien teilnehmen, sei es, dass das zukünftige Arzneimittelinformationssystem in einer Weise umgesetzt wird, die die Regressgefahr der Ärzte erhöht und vor einer Verordnung von innovativen Arzneimitteln abschreckt. Diese Vorstöße haben aber bislang nicht oder nur sehr eingeschränkt reüssiert, da der Zugang zu Innovationen allgemein als bewahrenswerte Stärke des deutschen Gesundheitssystems gesehen wird.

Im Mittelpunkt der medizinischen Entscheidungen sollten auch zukünftig Arzt und Patient stehen. Es lässt sich konstatieren, dass die deutsche Bevölkerung grundsätzlich ein hohes Vertrauen in ihre Haus- und Fachärzte hat (vgl. Kassenärztliche Bundesvereinigung 2019). Die Definition des medizinischen Standards wiederum erfolgt durch die Ärzteschaft beziehungsweise die medizinischen Fachgesellschaften und findet ihre Konkretisierung beispielsweise in evidenzbasierten Leitlinien.

Arzneimittel: Trotz vieler Fortschritte nur moderate Kostenentwicklung

Arzneimittel spielen eine zentrale Rolle in unserer vom medizinischen Fortschritt geprägten Zeit. Die pharmazeutischen Unternehmen bringen dabei im Mittelwert 32 neue Wirkstoffe pro Jahr auf den Markt, die auch nach Zulassung

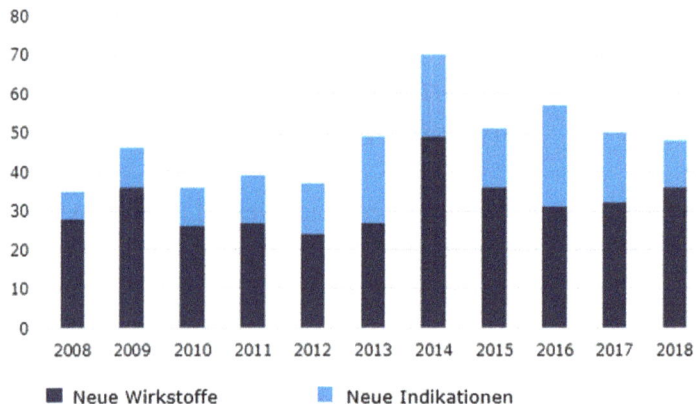

Abbildung 1: Innovationsdynamik, Beispiel Arzneimittel: Neue Wirkstoffe und Indikationserweiterungen
Quelle: vfa 2019; eigene Berechnungen

weiterentwickelt werden, was an einer Vielzahl von Indikationserweiterungen deutlich wird (siehe Abbildung 1).

Arzneimittelinnovationen bedeuten für Patienten und Gesellschaft, neben Gesundheit und Lebensqualität, zum Beispiel wiedergewonnene soziale Teilhabe und Arbeitsfähigkeit. Die messbaren Erfolge reichen von der Senkung der Sterblichkeitsrate durch Krebs um 25 Prozent seit 1990, über die in 95 Prozent der Fälle möglich gewordene Heilung der chronischen Hepatitis C, bis hin zu immer mehr spezifisch möglichen Therapien für seltene Erkrankungen. Trotz des großen therapeutischen Fortschritts durch neue Arzneimittel stiegen die Arzneimittelausgaben der gesetzlichen Krankenversicherung in der letzten Dekade durchschnittlich nur um 3,1 Prozent pro Jahr und damit geringer als die anderen großen Leistungsbereiche - Krankenhausbehandlungen mit 4,0 Prozent und ärztliche Behandlungen mit 4,8 Prozent - und bleiben damit unter der Kostenentwicklung des Gesamtsystems mit 4,0 Prozent (siehe Abbildung 2).

Damit Deutschland weiter von der Innovationsdynamik bei Arzneimitteln profitiert, muss sichergestellt werden, dass erstattungsseitig keine falschen Anreize gesetzt werden - gerade angesichts des tiefgreifenden Wandels der Altersstruktur der Bevölkerung in Deutschland.

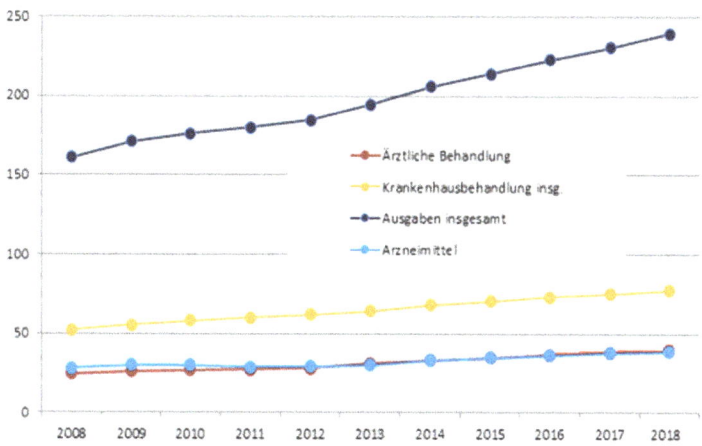

Abbildung 2: Ausgabenentwicklung der gesetzlichen Krankenversicherung nach Leistungsbereichen im letzten Jahrzehnt (2008 - 2018)
Quelle: KJ1-Daten des Bundesministeriums für Gesundheit; Bearbeitung durch den vfa

Frühen Zugang zu Innovationen erhalten

So war es eine bewusste politische Entscheidung des AMNOG von 2011, den frühzeitigen Zugang der Patienten in Deutschland zu innovativen Arzneimitteln nicht zu gefährden. Dies konnte bislang überwiegend erreicht werden: Die Latenz zwischen Zulassung und Verfügbarkeit für die Patienten liegt in Deutschland im Mittel bei 119 Tagen und ist damit führend in der Europäischen Union (vgl. IQVIA 2019, S. 14). Setzt man dies ins Verhältnis zu den damit verbundenen Kosten, erweist sich die Differenz zwischen verhandeltem Erstattungsbetrag und Listenpreis im ersten Jahr nach Markteinführung mit 0,4 Prozent der Gesamtarzneimittelausgaben (vfa, eigene Berechnungen) als geringfügig. Die immer wieder diskutierten Vorstöße zur Einführung einer vierten Hürde oder einer Rückwirkung von Erstattungsbeträgen hätten mithin nur ein marginales Einsparpotenzial, würden aber gleichzeitig den frühen Zugang der Patienten zu Innovationen gefährden.

Lücken im System

Darüber hinaus ist es dennoch unerlässlich, tatsächliche Lücken im System zu identifizieren und hierfür innovationsfreundliche Lösungen zu finden. So hat der Gesetzgeber mit dem Arzneimittel-Versorgungsstärkungsgesetz (VSG) das

AMNOG 2018 dahingehend verändert, dass Arzneimittel auch dann in eine Zusatznutzenbewertung einbezogen werden, wenn ihr Einsatz auf den stationären Versorgungsbereich beschränkt ist und hat hiermit klargestellt, dass der Erstattungsbetrag auch für diesen Bereich als Höchstpreis Geltung beansprucht. Allerdings ist der Gesetzgeber hier auf halber Strecke stehen geblieben: Vordringlich ist, dass die Erstattung für innovative Arzneimittel im stationären Bereich schnell sichergestellt wird.

In Folge des VSG sind darüber hinaus auch für ATMPs AMNOG-Erstattungsbeträge zwischen Hersteller und dem Spitzenverband Bund der Krankenkassen (GKV-Spitzenverband) zu verhandeln. Jedoch bilden diese Erstattungsbeträge im stationären Bereich nur die Obergrenze für den Einkauf jener Arzneimittel durch die Krankenhäuser. Die Kosten für den Einsatz haben die Krankenhäuser zunächst selbst zu tragen. Das Institut für das Entgeltsystem im Krankenhaus (InEK) stellt bisher nur in Ausnahmefällen eine zügige Refinanzierung durch die Krankenkassen sicher. Im Regelfall wird ein bewertetes Zusatzentgelt ein bis zwei Jahre nach der Einführung einer neuen therapeutischen Option festgelegt. Das darf bei Arzneimitteln mit neuartigen Therapien nicht passieren, weil sonst der Einsatz dieser von den Patienten dringend benötigten neuen Therapieoptionen seitens des Krankenhauses nicht sichergestellt werden und durch das finanzielle Risiko zu restriktivem Einsatz führen kann. Im Sinne der Patienten bedarf es einer baldigen und nachhaltigen Lösung dieser Finanzierungslücke, denn Kostenübernahmeerklärungen durch einzelne Krankenkassen und überbrückende sogenannte NUB-Entgelte (Neue Untersuchungs- und Behandlungsmethoden), die eine eigene Latenz bedingen, können keine dauerhafte Finanzierungsalternative darstellen.

Ein ähnlich lückenhaftes Bild findet sich im Diagnostikteil der personalisierten Medizin. Obwohl Diagnostik und Therapie eine funktionale Einheit bilden, unterscheiden sie sich bei der Erstattung. Im ambulanten Versorgungsbereich ist die molekulare Diagnostik innerhalb von sechs Monaten abbildbar (Methodenziffer im Einheitlichen Bewertungsmaßstab), wogegen die Diagnostikkosten im stationären Bereich über das DRG-System abgebildet werden müssen: Die Verzögerung der Erstattung beträgt hier im Regelfall ebenfalls ein bis zwei Jahre.

Auch hier können NUB-Verfahren allenfalls überbrücken, bedingen aber eine eigene Verzögerung, zumal die Krankenhäuser Anträge für die Finanzierung neuer Arzneimittel nur einmal jährlich zu einem fixen Stichtag stellen können. Die negative Folge für Patienten ist, dass Kliniken Tests entsprechend restriktiv einsetzen oder die Testung ins ambulante Setting verschieben. Laut einer Untersuchung des AOK-Bundesverbandes anhand von Abrechnungsdaten des 2. Quartals 2018, findet sich nur in 42 Prozent der Fälle eine vollständige

Diagnostik der für die Therapieentscheidung wichtigen Mutationen. Um einer möglichen Unterdiagnostik dieser therapierelevanten Parameter entgegenzuwirken, bedarf es einer schnellen und Sektor unabhängigen Erstattung der Companion-Diagnostik.

Einen wichtigen Schritt zur Förderung der Forschung durch eine bessere Nutzbarkeit von Gesundheitsdaten, avisiert das zum 1. Januar 2020 in Kraft getretene „Gesetz für eine bessere Versorgung durch Digitalisierung und Innovation" (DVG). Es fördert Data Pooling in der Gesetzlichen Krankenversicherung und den Zugang zu Versorgungsdaten durch ein „Forschungsdatenzentrum". Allerdings gilt der Zugang zu den aufbereiteten Daten des Forschungsdatenzentrums nur für einen abschließend definierten Kreis der antragsberechtigten Stellen, ergänzt um Universitätsklinika und außeruniversitäre Einrichtungen, sofern diese öffentlich gefördert werden. Die private Forschung, zum Beispiel durch pharmazeutische oder Medizintechnik-Unternehmen, ist dagegen nicht antragsberechtigt. Vor dem Hintergrund, dass Deutschland 2018 mit 622 klinischen Studien weltweit gesehen auf Platz drei der Forschungsaktivitäten war und 87 Prozent dieser Forschungsaktivitäten industrie-initiierte Studien für die Therapie von 196 verschiedenen Krankheiten waren (vergleiche clinicaltrials.gov 2018, Auswertung des vfa 2019), sollte das Gesetz um einen Erlaubnistatbestand für die private Forschung in § 303e Datenverarbeitung SGB V ergänzt werden. Denn so ließe sich ein Forschungsdatenzentrum auch tatsächlich forschungskompatibel gestalten und würde die Versorgung und den Standort Deutschland stärken. Dafür spricht:

1.) Der Genehmigungsvorbehalt gilt weiterhin und gewährleistet die Sicherheit: Anträge werden geprüft und können abgelehnt werden. Die Gefahr einer „Daten-Pipeline" ist also unbegründet.
2.) Es bestehen klare und transparente Regelung zur Nutzung der Daten: Die medizinische Forschung am Standort Deutschland wird gestärkt, Sanktionsmechanismen für Verstöße sind schon vorgesehen.
3.) Es handelt sich um aggregierte Daten, nicht um patientenindividuelle Einzeldatensätze: Die freigegebenen Datensets sind primär anonymisiert und nur in begründeten Sonderfällen pseudonymisiert nutzbar.

Erwähnenswert ist an dieser Stelle, dass die Europäische Union im weltweiten Vergleich der Forschungsaktivitäten zurückfällt und daher fortschrittshemmende Regelungen abgebaut werden müssen, anstatt neue zu kreieren.

Anreizwirkung: Erfolgsgeschichte Orphan Drugs

Ein Beleg dafür, dass politische Anreize förderlich wirken, zeigt das Beispiel von Arzneimitteln gegen seltene Erkrankungen, Orphan Drugs. Weltweit gibt es circa 6.000 bis 8.000 dieser schwerwiegenden, häufig sogar lebensbedrohlichen und zum Teil bereits in früher Kindheit auftretenden seltenen Erkrankungen. In Deutschland leiden darunter schätzungsweise vier Millionen Menschen. Nur für einen Bruchteil dieser Erkrankungen gibt es bisher Behandlungsmöglichkeiten. Um diese Situation zu verbessern wurden in Europa, wie zuvor schon in den USA und anderen Industriestaaten, die regulatorischen Rahmenbedingungen für die Orphan Drug-Entwicklung gezielt verbessert. In der Europäischen Union (EU) trat Anfang 2000 die EG-Verordnung über Arzneimittel für seltene Erkrankungen (Nr. 141/2000) in Kraft. Sie legt fest, unter welchen Voraussetzungen Medikamente einen „Orphan Drug-Status" erhalten können, der für den Hersteller insbesondere mit einer zehnjährigen Marktexklusivität verknüpft ist. So stieg die Anzahl der Medikamente von vor dem Jahr 2000, in dem fünf für den Orphan Drug-Status qualifiziert gewesen wären (1997: drei, 1998: eines, 1999: ebenfalls nur eines), auf 22 im Jahr 2018 (siehe Abbildung 4).

Diese Medikamente durchlaufen wie andere Arzneimittel auch, hierzulande den AMNOG-Prozess: Der Gemeinsame Bundesausschuss (G-BA) bewertet zunächst den Zusatznutzen der Medikamente, woraufhin im Anschluss die Erstattungsbetragsverhandlungen stattfinden. Das AMNOG regelt, dass der G-BA bei Orphan Drugs grundsätzlich von einem Zusatznutzen ausgehen muss

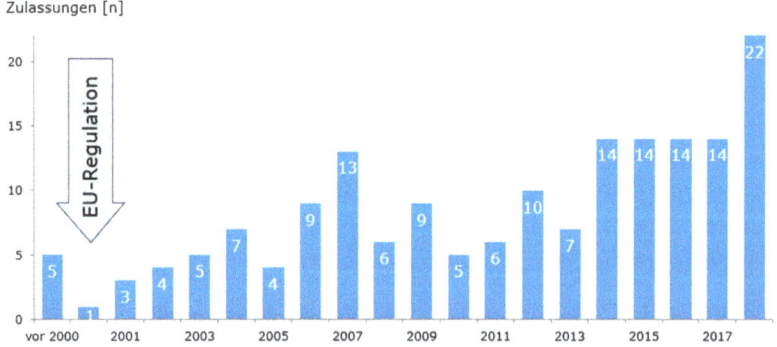

Abbildung 4: Anreize der EU-Regulierung wirken: Steigerung der Orphan Drug-Zulassungen nach der EG-Verordnung im Jahr 2000

Quelle: vfa, Daten-Stand 2.1.2019; Anmerkung: Diagramm umfasst auch Medikamente, die inzwischen keinen Orphan Drug-Status mehr haben oder außer Vertrieb gestellt wurden

(§ 35a Abs. 1 Satz 10 SGB V), da dieser im Rahmen der Zulassung bereits von der europäischen Zulassungsbehörde EMA geprüft und bestätigt wurde. Diese Regelung für Orphan Drugs gilt bis zu einer Umsatzgrenze von 50 Millionen Euro (§ 35a Abs. 1 Satz 11 SGB V). Überschreitet ein Orphan Drug, etwa im dritten oder vierten Jahr nach Markteinführung, diese Umsatzschwelle, führt der G-BA ein neues und unlimitiertes Zusatznutzenbewertungsverfahren durch.

Dennoch hat die Erfolgsgeschichte der Orphan Drugs nicht zu einer bedeutsamen Kostenzunahme geführt. Orphan Drugs haben nach wie vor nur einen kleinen Anteil an den Arzneimittelausgaben der gesetzlichen Krankenversicherung - 2018 waren dies 4,0 Prozent. Die beigefügte Auswertung zeigt, dass nur sechs Produkte über einem Jahresumsatz von 50 Millionen Euro liegen, während 70 Prozent und damit zwei Drittel der Orphan Drugs unter einem Umsatz von zehn Millionen bleiben (siehe Abbildung 5).

Nichtsdestotrotz schwächt das Gesetz für mehr Sicherheit in der Arzneimittelversorgung (GSAV) die berechtigte Sonderstellung von Orphan Drugs im AMNOG-Verfahren. Mit dem GSAV wurde der G-BA für Orphan Drugs und Arzneimittel mit besonderer Zulassung ermächtigt, den pharmazeutischen Unternehmer aufzufordern zum Zweck der Nutzenbewertung anwendungsbegleitende Daten zu erheben und auszuwerten. Die Ergebnisse beziehungsweise Fortschritte bei der Datenerhebung sollen in regelmäßigen Abständen vom G-BA überprüft werden. Darüber hinaus kann der G-BA die Befugnis der Verordnung solcher Medikamente auf Ärzte oder Krankenhäuser einschränken, die sich an der Datenerhebung beteiligen. Überdies sind für Orphan Drugs Abschläge auf den Erstattungsbetrag zu vereinbaren, wenn der G-BA auf der

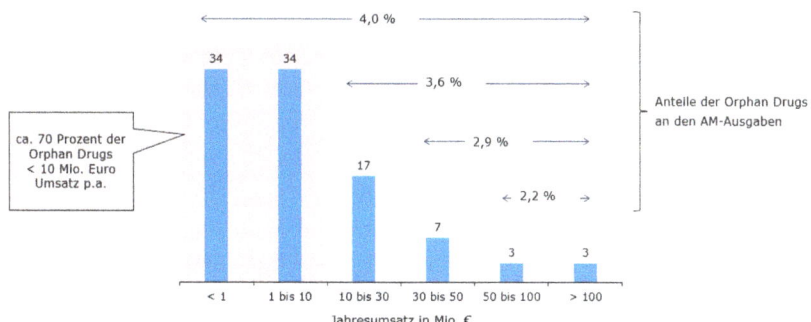

Abbildung 5: Die Erfolgsgeschichte bleibt bezahlbar: Anteil der Orphan Drugs an den GKV-Arzneimittelausgaben im ambulanten Bereich
Quelle: Insight Health, Stand 2018; Auswertung vfa

Grundlage der anwendungsbegleitenden Daten weiterhin keinen quantifizierbaren Zusatznutzen sieht. Gleiches soll auch gelten, wenn der G-BA vorzeitig zu der Einschätzung gelangt, dass die Datenerhebung nicht wie erwartet durchgeführt wird oder werden kann oder aus sonstigen Gründen keine hinreichenden Belege zur Neubewertung erbringen wird.

Seit langem fordern die forschenden Pharmaunternehmen bereits die Berücksichtigung weiterer Evidenzformen, insbesondere von Real World Evidence, und begrüßen deshalb grundsätzlich die Öffnung. Tatsächlich geraten aber mit den neuen Bestimmungen alle Orphan Drugs (auch im Standardverfahren zugelassene) in den Fokus möglicher Zusatzauflagen sowie alle Non-Orphans mit „bedingter Zulassung" (auch solche, die keine Register-, sondern reine Pharmakovigilanz-Auflagen von der EMA erhalten haben). Umfang und Art der Auflagen werden großteils ins Ermessen des G-BA gestellt.

Da dies insgesamt zu großen Unsicherheiten und nicht absehbaren finanziellen Belastungen für die Entwicklung solcher Arzneimittel führen und ihre Markteinführung in Deutschland verzögern und in Frage stellen kann, kommt es jetzt darauf an, dass der G-BA die GSAV-Regelungen in seiner Verfahrensordnung praxistauglich und innovationsfreundlich umsetzt. Ansonsten kann diese Überregulierung schwere Folgen für Innovationen und die Bekämpfung seltener Erkrankungen haben und Anreize für die Forschung aufs Spiel setzen.

Anreizwirkung: Verlässlichkeit im AMNOG

Auch die AMNOG-Methodik imponiert im internationalen Vergleich tatsächlich als eher restriktiv. Als Beispiel seien hierfür Bewertungsmaßstäbe in der Onkologie genannt, nach denen bestimmte Endpunkte, wie progressionsfreies Überleben oder die Zeit bis zur ersten nachfolgenden Therapie, die von anderen Institutionen mit Augenmaß akzeptiert werden, bei der Zusatznutzenbewertung in Deutschland nicht anerkannt werden. In jüngerer Zeit geben Fälle Anlass zur Sorge, bei denen kein Zusatznutzen akzeptiert wurde, obwohl Studien eine Verlängerung des Gesamtüberlebens zeigten. Besonders hervorzuheben sind die kürzlich erfolgten Bewertungen der Wirkstoffklasse der CDK4/6 Inhibitoren im Bereich Brustkrebs (Beispiel: Ribociclib und Palbociclib zur Behandlung von Frauen mit einem Hormonrezeptor-positiven, HER2-negativen, lokal fortgeschrittenen oder metastasierten Mammakarzinom), bei deren Bewertung trotz der anerkannten Überlebenszeitverlängerung vom G-BA kein Zusatznutzen vergeben wurde. Zu bemerken ist, dass diese Entscheidungen auch im G-BA nicht einstimmig erfolgten. Zugleich stehen die Bewertungen in deutlichem Widerspruch zu den evidenzbasierten Leitlinien der medizinischen Fachgesellschaften, die gerade aufgrund der Überlebenszeitverlängerung diese Wirkstoffklasse als neuen Therapiestandard benennen.

Blick über den Tellerrand: Internationale Entwicklungen

Der Blick auf die Pharmamärkte im weltweiten Vergleich zeigt, dass europäische Länder wie Deutschland, Frankreich, Italien, UK und Spanien für sich genommen keine beeindruckende Größe gegenüber den führenden Märkten USA, China und Japan darstellen (siehe Abbildung 6).

Abbildung 6: Die Größe der Pharmamärkte im weltweiten Vergleich - die Fläche der Kreise stellt die Relation zur Größe der Märkte dar
Quelle: IQVIA, 2015; eigene Darstellung vfa

Als Einheit betrachtet, belegt die Europäische Union allerdings den zweiten Platz nach den USA. Deshalb gilt: Wenn Europa (der Brexit sei an dieser Stelle nicht thematisiert) und damit Deutschland, zukunftsfähig und innovationsoffen bleiben und Schritt halten will, bedarf es eines tragfähigen Zusammenspiels aller Institutionen, gerade bei der Einführung einer europäischen Nutzenbewertung (EU-HTA). Mit der im Juli 2020 beginnenden EU-Ratspräsidentschaft hat Deutschland die Chance, ein qualitativ hochwertiges und effizientes System der gemeinsamen klinischen Nutzenbewertung auf den Weg zu bringen.

EU-HTA: Die Souveränität der Länder bleibt gewahrt

Denn während die Arzneimittelzulassung in Europa seit Gründung der European Medicines Agency (EMA) im Jahr 1995 immer stärker zentralisiert wurde, bestehen bei den nachgelagerten, nationalen Prozessen zur Berücksichtigung der Evidenz im sogenannten „Health Technology Assessment" (HTA) weiterhin große Diskrepanzen.

Daraus resultierende Bestrebungen, die Zusammenarbeit der verschiedenen HTA-Behörden und -Systeme zu vertiefen, wurden mit der Gründung von EUnetHTA im Jahr 2006 konkretisiert. Durch verschiedene sogenannte „Joint Actions" (Joint Action 1 bis 3) soll die Kooperation der nationalen HTA-Behörden verstetigt und operationalisiert werden. Zur Weiterentwicklung dieser bisher freiwilligen, projektbasierten Zusammenarbeit über 2020 hinaus und zur Anwendung der dabei gewonnenen Erkenntnisse, legte die EU-Kommission am 31. Januar 2018 einen Gesetzentwurf für eine „Verordnung des Europäischen Parlaments und des Rates über die Bewertung von Gesundheitstechnologien und zur Änderung der Richtlinie 2011/24/EU" vor. Sie sieht im Wesentlichen eine europäische, klinische Nutzenbewertung statt nationaler Alleingänge vor. Grundlegendes Ziel ist es, auch nach Vorbild der EMA, die Evidenzbasis auf europäischer Ebene zu verbessern. Neben einer Identifikation aufkommender Gesundheitstechnologien („Horizon Scanning") und einer freiwilligen Zusammenarbeit in anderen HTA-Bereichen, stellen die gemeinsame wissenschaftliche Beratung („Joint Scientific Consultation") und die gemeinsame klinische Nutzenbewertung („Joint Scientific Assessment") die zwei zentralen Säulen des Vorschlags dar. Ein von den Mitgliedsstaaten getragener Prozess soll dabei ein qualitativ hochwertiges und effizientes System der gemeinsamen klinischen Nutzenbewertung schaffen, dem eine gemeinsame Beratung und Abstimmung zu den dafür benötigten Anforderungen an die Evidenzgenerierung vorausgeht. Dabei würde die Entscheidung über den konkreten Zusatznutzen („Appraisal") sowie die Preisfindung weiterhin den einzelnen nationalen HTA-Systemen obliegen - für Deutschland demnach den Hauptakteuren, dem G-BA und dem GKV-Spitzenverband (siehe Abbildung 7). Spezielle Regelungen, wie beispielsweise für Orphan Drugs, blieben damit erhalten. Lediglich die „technische Bewertung" des Zusatznutzens, die bisher regelhaft durch das Institut für Qualität und Wirtschaftlichkeit im Gesundheitswesen (IQWiG) durchgeführt wird, würde - unter Beteiligung des IQWiG - auf die europäische Ebene verlagert.

Die aktuelle Diskussion dreht sich darum, inwieweit das technische Assessment national bindend sein soll. Der Kommissionsentwurf geht von einer hohen Bindungswirkung aus, da ansonsten die europäische Bewertung unverbindlichen „Hobbycharakter" behielte und die nationalen HTA-Agenturen sich nur wenig einbringen würden. Dies folgt der Erfahrung der Europäisierung der Zulassung: Auch diese konnte nur zum Erfolg werden, weil die Teilnahme der nationalen Institutionen verbindlich war. Für die weitere politische Diskussion dürfte entscheidend sein: Ein völlig unverbindliches europäisches Assessment

Wie innovationsoffen ist das deutsche Gesundheitswesen? 157

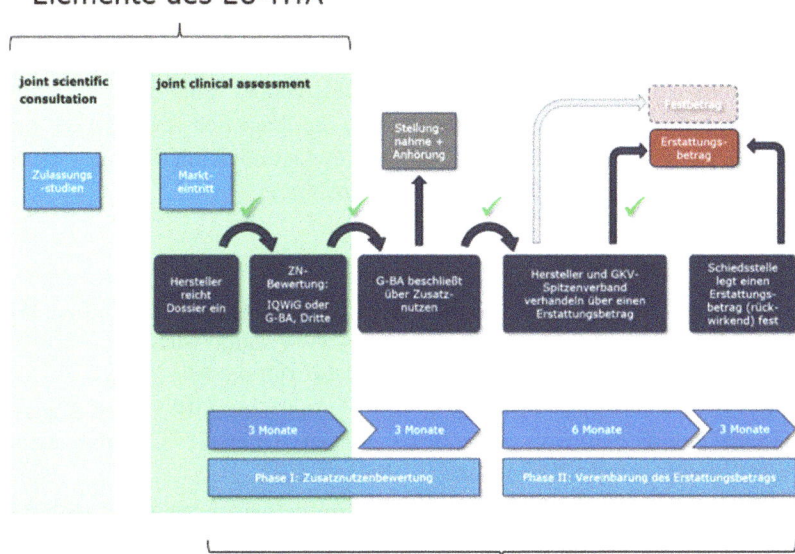

Abbildung 7: Nur die „technische" Bewertung des Zusatznutzens, die bisher beim IQWiG liegt, würde mit EU-HTA auf die europäische Ebene verlagert. Sämtliche Erstattungsentscheidungen würden wie bisher im nationalen Kontext verbleiben
Quelle: vfa, Stand 2019

kann deshalb nicht funktionieren, es wäre faktisch das Ende eines europäischen HTA-Prozesses mit all seinen Vorteilen. Politisch steht Europa vor der Entscheidung, ob es eine Harmonisierung der technisch-wissenschaftlichen Bewertung mit ihrem offensichtlichen Nutzen will oder nicht. Das entscheidet sich faktisch an der Beantwortung der Frage der Verbindlichkeit. Unabhängig davon bleiben die Bewertung des Zusatznutzens durch den G-BA und die Preisfindung national.

US-Diskussion: Europäer als Trittbrettfahrer

Dass ein erfolgreiches Zusammenspiel Europas unerlässlich ist, zeigt auch die derzeitige Diskussion in den USA: Dort wird das im Vergleich zu den USA niedrige europäische und deutsche Preisniveau kritisch gesehen. Europa muss sich dabei vorwerfen lassen, dass die USA die Forschungs- und Entwicklungskosten

„für die ganze Welt" finanzieren würden und Patienten in Ländern wie Deutschland „endlich ihren gerechten Anteil zahlen" sollten, so Präsident Donald Trump in einer Rede (vgl. Buchter, H. 2018). Das konkret diskutierte Instrument der Preisreferenzierung der USA auf europäische Länder wäre geeignet, diese Länder direkt zu treffen. Insbesondere würde die Frage der Verfügbarkeit und Vertraulichkeit erneut auf die Tagesordnung gesetzt und damit die Innovationsoffenheit des deutschen Gesundheitssystems gefährdet.

Literaturverzeichnis

Buchter, H. (2018, 18. Mai): Trump will deutsche Patienten zur Kasse bitten. Wie bitte? Abgerufen 10. Januar 2020, von https://www.zeit.de/wirtschaft/2018-05/pharmaindustrie-preise-medikamente-donald-trump-zoelle

IQVIA (2019, 3. April): EFPIA Patient W.A.I.T. Indicator 2018 Survey. Abgerufen 10. Januar 2020, von https://www.efpia.eu/media/412747/efpia-patient-wait-indicator-study-2018-results-030419.pdf, S. 14

Kassenärztlichen Bundesvereinigung (2019): Gesundheitsdaten: Konstant hohes Vertrauen in Haus- und Fachärzte. Abgerufen 10. Januar 2020, von https://gesundheitsdaten.kbv.de/cms/html/24046.php

Studienregister clinicaltrials.gov (2018) nach Auswertung des vfa (2019, 1. August): Krankheitsgebiete industrie-gesponsorter klinischer Prüfungen in Deutschland im Jahr 2018. Abgerufen 15. Juli 2019, von www.clinicaltrials.gov

Witt, G. (2018, 24. Juli): Deutsche glauben, viele können sich keine gute Gesundheitsversorgung leisten. Abgerufen 10. Januar 2020, von https://www.ipsos.com/de-de/deutsche-glauben-viele-konnen-sich-keine-gute-gesundheitsversorgung-leisten

Verzeichnis der Autoren

Thomas Ballst
Stellvertretender Vorstandsvorsitzender
Techniker Krankenkasse
Bramfelder Straße 140
22305 Hamburg

Dr. Antje Haas
Leiterin der Abteilung
Arznei- und Heilmittel
GKV- Spitzenverband
Reinhardtstraße 28
10117 Berlin

Michael Henrich
Mitglied des Bundestages
Deutscher Bundestag
Platz der Republik 1
11011 Berlin

Dr. Wulf-Dietrich Leber
Leiter der Abteilung Krankenhaus
GKV-Spitzenverband
Reinhardtstraße 28
10117 Berlin

Dr. Kerstin Pietsch
Abteilung Arznei- und Heilmittel
GKV- Spitzenverband
Reinhardtstraße 28
10117 Berlin

Lothar Riebsamen
Mitglied des Bundestages
Platz der Republik 1
11011 Berlin

Dr. Gisbert Kleeff
Geschäftsführer
Bayer Vital GmbH
Kaiser-Wilhelm-Allee 70
51373 Leverkusen

Han Steutel
Präsident des Verbandes der
forschenden Arzneimittelhersteller(vfa)
Hausvogteiplatz 3
10117 Berlin

Professor Sr. Leonie Sundmacher
Direktorin des Fachbereichs Health Services Management
Ludwig-Maximilians-Universität München
Schackstraße 4
80539 München

Dr. Anja Tebinka-Olbrich
Abteilung Arznei- und Heilmittel
GKV- Spitzenverband
Reinhardtstraße 28
10117 Berlin

Professor Dr. Volker Ulrich
Lehrstuhl für Volkswirtschaftslehre III
Finanzwissenschaft
Universität Bayreuth
Postfach
95440 Bayreuth

Professor Dr. Bernhard Wörmann
Medizinischer Leiter
DGHO- Deutsche Gesellschaft für
Hämatologie
und Medizinische Onkologie e.V.
Alexanderplatz 1
10178 Berlin

Professor Dr. Eberhard Wille
Josef-Braun- Ufer 23
68165 Mannheim

STAATLICHE ALLOKATIONSPOLITIK IM MARKTWIRTSCHAFTLICHEN SYSTEM

Band 1 Horst Siebert (Hrsg.): Umweltallokation im Raum. 1982.

Band 2 Horst Siebert (Hrsg.): Global Environmental Resources. The Ozone Problem. 1982.

Band 3 Hans-Joachim Schulz: Steuerwirkungen in einem dynamischen Unternehmensmodell. Ein Beitrag zur Dynamisierung der Steuerüberwälzungsanalyse. 1981.

Band 4 Eberhard Wille (Hrsg.): Beiträge zur gesamtwirtschaftlichen Allokation. Allokationsprobleme im intermediären Bereich zwischen öffentlichem und privatem Wirtschaftssektor. 1983.

Band 5 Heinz König (Hrsg.): Ausbildung und Arbeitsmarkt. 1983.

Band 6 Horst Siebert (Hrsg.): Reaktionen auf Energiepreissteigerungen. 1982.

Band 7 Eberhard Wille (Hrsg.): Konzeptionelle Probleme öffentlicher Planung. 1983.

Band 8 Ingeborg Kiesewetter-Wrana: Exporterlösinstabilität. Kritische Analyse eines entwicklungspolitischen Problems. 1982.

Band 9 Ferdinand Dudenhöfer: Mehrheitswahl-Entscheidungen über Umweltnutzungen. Eine Untersuchung von Gleichgewichtszuständen in einem mikroökonomischen Markt- und Abstimmungsmodell. 1983.

Band 10 Horst Siebert (Hrsg.): Intertemporale Allokation. 1984.

Band 11 Helmut Meder: Die intertemporale Allokation erschöpfbarer Naturressourcen bei fehlenden Zukunftsmärkten und institutionalisierten Marktsubstituten. 1984.

Band 12 Ulrich Ring: Öffentliche Planungsziele und staatliche Budgets. Zur Erfüllung öffentlicher Aufgaben durch nicht-staatliche Entscheidungseinheiten. 1985.

Band 13 Ehrentraud Graw: Informationseffizienz von Terminkontraktmärkten für Währungen. Eine empirische Untersuchung. 1984.

Band 14 Rüdiger Pethig (Ed.): Public Goods and Public Allocation Policy. 1985.

Band 15 Eberhard Wille (Hrsg.): Öffentliche Planung auf Landesebene. Eine Analyse von Planungskonzepten in Deutschland, Österreich und der Schweiz. 1986.

Band 16 Helga Gebauer: Regionale Umweltnutzungen in der Zeit. Eine intertemporale Zwei-Regionen-Analyse. 1985.

Band 17 Christine Pfitzer: Integrierte Entwicklungsplanung als Allokationsinstrument auf Landesebene. Eine Analyse der öffentlichen Planung der Länder Hessen, Bayern und Niedersachsen. 1985.

Band 18 Heinz König (Hrsg.): Kontrolltheoretische Ansätze in makroökonometrischen Modellen. 1985.

Band 19 Theo Kempf: Theorie und Empirie betrieblicher Ausbildungsplatzangebote. 1985.

Band 20 Eberhard Wille (Hrsg.): Konkrete Probleme öffentlicher Planung. Grundlegende Aspekte der Zielbildung, Effizienz und Kontrolle. 1986.

Band 21 Eberhard Wille (Hrsg.): Informations- und Planungsprobleme in öffentlichen Aufgabenbereichen. Aspekte der Zielbildung und Outputmessung unter besonderer Berücksichtigung des Gesundheitswesens. 1986.

Band 22 Bernd Gutting: Der Einfluß der Besteuerung auf die Entwicklung der Wohnungs- und Baulandmärkte. Eine intertemporale Analyse der bundesdeutschen Steuergesetze. 1986.

Band 23 Heiner Kuhl: Umweltressourcen als Gegenstand internationaler Verhandlungen. Eine theoretische Transaktionskostenanalyse. 1987.

Band 24 Hubert Hornbach: Besteuerung, Inflation und Kapitalallokation. Intersektorale und internationale Aspekte. 1987.

Band 25 Peter Müller: Intertemporale Wirkungen der Staatsverschuldung. 1987.

Band 26 Stefan Kronenberger: Die Investitionen im Rahmen der Staatsausgaben. 1988.

Band 27 Armin-Detlef Rieß: Optimale Auslandsverschuldung bei potentiellen Schuldendienstproblemen. 1988.

Band 28 Volker Ulrich: Preis- und Mengeneffekte im Gesundheitswesen. Eine Ausgabenanalyse von GKV-Behandlungsarten. 1988.

Band 29 Hans-Michael Geiger: Informational Efficiency in Speculative Markets. A Theoretical Investigation. Edited by Ehrentraud Graw. 1989.

Band 30 Karl Sputek: Zielgerichtete Ressourcenallokation. Ein Modellentwurf zur Effektivitätsanalyse praktischer Budgetplanung am Beispiel von Berlin (West). 1989.

ALLOKATION IM MARKTWIRTSCHAFTLICHEN SYSTEM

Band 31 Wolfgang Krader: Neuere Entwicklungen linearer latenter Kovarianzstrukturmodelle mit quantitativen und qualitativen Indikatorvariablen. Theorie und Anwendung auf ein mikroempirisches Modell des Preis-, Produktions- und Lageranpassungsverhaltens von deutschen und französischen Unternehmen des verarbeitenden Gewerbes. 1991.

Band 32 Manfred Erbsland: Die öffentlichen Personalausgaben. Eine empirische Analyse für die Bundesrepublik Deutschland. 1991.

Band 33 Walter Ried: Information und Nutzen der medizinischen Diagnostik. 1992.

Band 34 Anselm U. Römer: Was ist den Bürgern die Verminderung eines Risikos wert? Eine Anwendung des kontingenten Bewertungsansatzes auf das Giftmüllrisiko. 1993.

Band 35 Eberhard Wille, Angelika Mehnert, Jan Philipp Rohweder: Zum gesellschaftlichen Nutzen pharmazeutischer Innovationen. 1994.

Band 36 Peter Schmidt: Die Wahl des Rentenalters. Theoretische und empirische Analyse des Rentenzugangsverhaltens in West- und Ostdeutschland. 1995.

Band 37 Michael Ohmer: Die Grundlagen der Einkommensteuer. Gerechtigkeit und Effizienz. 1997.

Band 38 Evamaria Wagner: Risikomanagement rohstoffexportierender Entwicklungsländer. 1997.

Band 39 Matthias Meier: Das Sparverhalten der privaten Haushalte und der demographische Wandel: Makroökonomische Auswirkungen. Eine Simulation verschiedener Reformen der Rentenversicherung. 1997.

Band 40 Manfred Albring / Eberhard Wille (Hrsg.): Innovationen in der Arzneimitteltherapie. Definition, medizinische Umsetzung und Finanzierung. Bad Orber Gespräche über kontroverse Themen im Gesundheitswesen 25.–27.10.1996. 1997.

Band 41 Eberhard Wille / Manfred Albring (Hrsg.): Reformoptionen im Gesundheitswesen. Bad Orber Gespräche über kontroverse Themen im Gesundheitswesen 7.–8.11.1997. 1998.

Band 42 Manfred Albring / Eberhard Wille (Hrsg.): Szenarien im Gesundheitswesen. Bad Orber Gespräche über kontroverse Themen im Gesundheitswesen 5.–7.11.1998. 1999.

Band 43 Eberhard Wille / Manfred Albring (Hrsg.): Rationalisierungsreserven im deutschen Gesundheitswesen. 2000.

Band 44 Manfred Albring / Eberhard Wille (Hrsg.): Qualitätsorientierte Vergütungssysteme in der ambulanten und stationären Behandlung. 2001.

Band 45 Martin Pfaff / Dietmar Wassener / Astrid Sterzel / Thomas Neldner: Analyse potentieller Auswirkungen einer Ausweitung des Pharmaversandes in Deutschland. 2002.

Band 46 Eberhard Wille / Manfred Albring (Hrsg.): Konfliktfeld Arzneimittelversorgung. 2002.

Band 47 Udo Schneider: Theorie und Empirie der Arzt-Patient-Beziehung. Zur Anwendung der Principal-Agent-Theorie auf die Gesundheitsnachfrage. 2002.

Band 48 Manfred Albring / Eberhard Wille: Die GKV zwischen Ausgabendynamik, Einnahmenschwäche und Koordinierungsproblemen. 2003.

Band 49 Uwe Jirjahn: X-Ineffizienz, Managementanreize und Produktmarktwettbewerb. 2004.

Band 50 Stefan Resch: Risikoselektion im Mitgliederwettbewerb der Gesetzlichen Krankenversicherung. 2004.

Band 51 Paul Marschall: Lebensstilwandel in Ostdeutschland. Gesundheitsökonomische Implikationen. 2004.

Band 52 Eberhard Wille / Manfred Albring (Hrsg.): Paradigmenwechsel im Gesundheitswesen durch neue Versorgungsstrukturen? 8. Bad Orber Gespräche. 6.–8. November 2003. 2004.

Band 53 Eberhard Wille / Manfred Albring (Hrsg.): Versorgungsstrukturen und Finanzierungsoptionen auf dem Prüfstand. 9. Bad Orber Gespräche. 11.–13. November 2004. 2005.

Band 54 Brit S. Schneider: Gesundheit und Bildung. Theorie und Empirie der Humankapitalinvestitionen. 2007.

Band 55 Klaus Knabner / Eberhard Wille (Hrsg.): Qualität und Nutzen medizinischer Leistungen. 10. Bad Orber Gespräche, 10.–12. November 2005. 2007.

Band 56 Holger Cischinsky: Lebenserwartung, Morbidität und Gesundheitsausgaben. 2007.

Band 57 Eberhard Wille / Klaus Knabner (Hrsg.): Wettbewerb im Gesundheitswesen: Chancen und Grenzen. 11. Bad Orber Gespräche. 16.–18. November 2006. 2008.

Band 58 Christian Igel: Zur Finanzierung von Kranken- und Pflegeversicherung. Entwicklung, Probleme und Reformmodelle. 2008.

Band 59 Christiane Cischinsky: Auswirkungen der Europäischen Integration auf das deutsche Gesundheitswesen. 2008.

Band 60 Eberhard Wille / Klaus Knabner (Hrsg.): Die besonderen Versorgungsformen: Herausforderungen für Krankenkassen und Leistungserbringer. 12. Bad Orber Gespräche über kontroverse Themen im Gesundheitswesen. 15.–17. November 2007. 2009.

Band 61 Malte Wolff: Interdependenzen von Arzneimittelregulierungen. 2010.

Band 62 Eberhard Wille / Klaus Knabner (Hrsg.): Qualitätssicherung und Patientennutzen. 13. Bad Orber Gespräche über kontroverse Themen im Gesundheitswesen. 20.–21. November 2008. 2010.

Band 63 Eberhard Wille / Klaus Knabner (Hrsg.): Reformkonzepte im Gesundheitswesen nach der Wahl. 14. Bad Orber Gespräche über kontroverse Themen im Gesundheitswesen. 12.-13. November 2009. 2011.

Band 64 Eberhard Wille / Klaus Knabner (Hrsg.): Dezentralisierung und Flexibilisierung im Gesundheitswesen. 15. Bad Orber Gespräche über kontroverse Themen im Gesundheitswesen. 18.-19. November 2010. 2011.

Band 65 Eberhard Wille / Klaus Knabner (Hrsg.): Strategien für mehr Effizienz und Effektivität im Gesundheitswesen. 16. Bad Orber Gespräche über kontroverse Themen im Gesundheitswesen. 2013.

Band 66 Timo Wasmuth: Gesundheitsausgaben: Determinanten und Auswirkungen auf die Gesundheit. Theoretische Modellierung und empirische Analyse. 2013.

Band 67 Eberhard Wille (Hrsg.): Wettbewerb im Arzneimittel- und Krankenhausbereich. 17. Bad Orber Gespräche über kontroverse Themen im Gesundheitswesen. 2013.

Band 68 Christian Maier: Eine empirische Analyse der Anreize zur informellen Pflege. Impulse für Deutschland aus einem europäischen Vergleich. 2015.

Band 69 Eberhard Wille (Hrsg.): Versorgungsdefizite im deutschen Gesundheitswesen. 18. Bad Orber Gespräche über kontroverse Themen im Gesundheitswesen. 2015.

Band 70 Anke Schliwen: Versorgungsbedarf, Angebot und Inanspruchnahme ambulanter hausärztlicher Leistungen im kleinräumigen regionalen Vergleich. 2015.

Band 71 Eberhard Wille (Hrsg.): Verbesserung der Patientenversorgung durch Innovation und Qualität. 19. Bad Orber Gespräche über kontroverse Themen im Gesundheitswesen. 2015.

Band 72 Eberhard Wille (Hrsg.): Entwicklung und Wandel in der Gesundheitspolitik. 20. Bad Orber Gespräche über kontroverse Themen im Gesundheitswesen. 2016.

Band 73 Eberhard Wille (Hrsg.): Neuerungen im Krankenhaus- und Arzneimittelbereich zwischen Bedarf und Finanzierung. 21. Bad Orber Gespräche über kontroverse Themen im Gesundheitswesen. 2017.

Band 74 Eberhard Wille (Hrsg.): Reformbedarf im Krankenhaus- und Arzneimittelbereich nach der Wahl. 22. Bad Orber Gespräche über kontroverse Themen im Gesundheitswesen. 2018.

Band 75 Eberhard Wille (Hrsg.): Nach der Regierungsbildung – vor den Reformen im Krankenhaus- und Arzneimittelbereich. 23. Bad Orber Gespräche über kontroverse Themen im Gesundheitswesen. 2019.

Band 76 Eberhard Wille (Hrsg.): Herausforderungen des medizinischen Fortschritts im Krankenhaus- und Arzneimittelbereich. 24. Bad Orber Gespräche über kontroverse Themen im Gesundheitswesen. 2020.

www.peterlang.com

www.ingramcontent.com/pod-product-compliance
Ingram Content Group UK Ltd.
Pitfield, Milton Keynes, MK11 3LW, UK
UKHW021828210426
5322IPUK00004B/73